VOCÊ ENTENDE O JURIDIQUÊS?

Marco Túlio Chaves de Oliveira

VOCÊ ENTENDE O JURIDIQUÊS?

A importância da comunicação simples

Pró-Consciência
Brasília
2021

VOCÊ ENTENDE O juridiquês?
A importância da comunicação simples © 2021

Direção editorial: Lívia Borges
Diagramação e capa: Madalena Araújo
Revisão: Ana di Goya

Dados Internacionais de Catalogação na Publicação (CIP)
(Câmara Brasileira do Livro, SP, Brasil)

Oliveira, Marco Tulio Chaves de
Você entende o juridiquês?: a importância da comunicação simples / Marco Tulio Chaves de Oliveira. -- 1. ed. -- Brasília, DF: Pró Consciência, 2021.

ISBN: 978-65-86485-02-8

1. Comunicação 2. Direito 3. Linguagem 4. Sentenças (Direito) I. Título.

21-54835 CDU-34:316.77

Pró-Consciência®
Editora
www.proconsciencia.com.br

Dedico este livro a:

RONILDA E ANTONIO,

referências iniciais em minha vida,
pois foram eles os primeiros a me instruírem, a me apresentarem os processos de comunicação, de modo simples e didático,
indicando-me os caminhos da jornada da vida,
que acreditaram em mim e me apoiaram incondicionalmente.

ALESSANDRA E DELMO,
referências posteriores, meus facilitadores quanto ao aprimoramento das técnicas de diálogo e linguagem,
pelas décadas de amizade, pelas infinitas risadas,
pela fraternidade sem restrições, pela capacidade intelectual e inspiração para avançar em meus estudos, rumo a um mestrado.

AGRADECIMENTOS

O resultado deste trabalho é, literalmente, um somatório de esforços. Sem o auxílio e a confiança que várias pessoas depositaram em mim, eu pouco teria avançado. Por esse motivo, quero deixar expressa, aqui, a minha gratidão àqueles que colaboraram na execução deste projeto.

Segundo as regras oficiais da Associação Brasileira de Normas Técnicas (ABNT), esta parte do livro (OS AGRADECIMENTOS) é um elemento opcional que pode, ou não, constar numa obra literária. Eu faço a opção por incluir este tópico porque, para mim, é fundamental elencar os nomes de algumas pessoas, sem as quais, eu não teria alcançado o meu objetivo.

Em primeiro lugar, agradeço à Universidade Católica de Brasília – UCB, nas pessoas de dois dos seus docentes, Prof. Dr. Daniel Rey de Carvalho e Prof. Dr. Maurício Dalri Timm do Valle, respectivamente Pró-Reitor Acadêmico e Coordenador do Programa de Pós-Graduação/Mestrado em Direito que, à época da realização deste trabalho acadêmico, ofereceu-me o suporte necessário para que o meu sonho saísse do campo das ideias e começasse a tornar-se realidade.

Agradeço ao Professor Me. Pedro Paulo de Morais, Diretor do Centro de Ensino Universitário Planalto – UNIPLAN, por autorizar-me a realizar os experimentos no âmbito daquela Instituição de Ensino Superior. Ali, recebi o apoio, dentre outros, do Professor Bruno Pires de Oliveira, meu colega de magistério, o qual, gentilmente, colaborou comigo no sentido de permitir, junto aos seus alunos de graduação, a aplicação dos questionários.

Expresso a minha gratidão ao trabalho de todos os profissionais da Inferir Estatística, na pessoa do Sr. Diogo Suzart, Sócio-Diretor, pela competência e presteza na elaboração dos dados estatísticos, transformando-os em gráficos.

O meu agradecimento ao Psicanalista Segismar de Andrade Pereira, por todas as sugestões e esclarecimentos feitos no Grupo de Estudos em Psicanálise. Sua contribuição foi muito valiosa no sentido de apresentar-me novas percepções acerca do fenômeno social e individual no qual inserem-se vários aspectos estudados nesta pesquisa.

Prof. Dr. Julio Cesar de Aguiar, meu Orientador no Mestrado, agradeço-lhe por sua paciência, competência e precisas indicações que contribuíram para definir os rumos deste trabalho. Também sou grato ao Prof. Dr. Benjamin Miranda Tabak, meu Professor numa das disciplinas daquela especialização stricto sensu, cuja influência foi decisiva para os experimentos realizados, os quais fundamentaram a minha dissertação.

Um especial agradecimento a Maria Luiza de Sousa Cardoso, cuja parceria e companheirismo tornaram-se fundamentais ao meu viver. O seu incentivo, carinho e compreensão diante das minhas dificuldades tornaram mais leve o processo de elaboração deste livro.

Deixo expressa a minha gratidão à Editora Pró-Consciência, na pessoa da Sra. Lívia Borges, Sócia-Diretora, pela competência e profissionalismo na execução do processo editorial deste livro. Ao apresentar-lhe o meu projeto, ela não demonstrou qualquer dúvida quanto à possibilidade de concretizar o meu sonho nesta obra literária.

SUMÁRIO

PREFÁCIO

Por que falar em empiria no Direito? Qual a importância da obra Você Entende o Juridiquês? A relevância da comunicação simples na abertura de novos horizontes para pesquisa empírica na esfera do Direito

O Direito expressa um campo normativo e decisório das relações humanas que se concretiza por intermédio de leis, formas, instituições e símbolos peculiares. Dentre os objetos e insignias representativas, do ponto de vista da opulência que este ramo do conhecimento, em si, postula, estão: prédios suntuosos, estátuas, togas, códigos, jargões e expressões em latim, que são textos enigmáticos para o senso comum, mas que constituem uma ritualística familiar ao operador do Direito. Isto porque, por si só, estes vocábulos compõem um elenco de enunciados metafóricos que se expressam no campo sutil de significados autorreferentes, sobretudo, no sentido de conferir poder à matéria em estudo, qual seja, o Direito.

Mais especificamente no âmbito das decisões, sentenças, despachos e acórdãos, as palavras precisam ser meticulosamente escolhidas para traduzir, com o máximo rigor, o que os tribunais e magistrado/as decidem em cada caso que tenham em mãos para apreciação. Usando métodos como a "redução a termo", gravações e degravações de reuniões de trabalho realizadas virtualmente ou, ainda, recursos de taquigrafia, são gerados documentos nos quais se registra, permanentemente, o conteúdo resultante dos debates entre jurisdicionados. Esses recursos também colaboram para consolidar a atuação do Poder Judiciário em termos de decisão final, de pronúncia das letras da lei.

Tais registros contêm sempre uma reflexão: em que medida a documentação registrada, na qual se fundamenta a atuação decisória do Poder Judiciário, é devidamente compreendida por quem, de fato, é o destinatário de tudo isso, ou seja, o jurisdicionado? Qual o resultado efetivo de uma comunicação que dificulta ou facilita a inteligibilidade das decisões judiciais em termos de executoriedade e exequibilidade? Como é possível tonar este processo mais simples, facilitar aos interlocutores a compreensão semântica do que é produzido pelos operadores do Direito?

Esses e outros questionamentos são os grandes desafios, lacunas a serem sanadas, de um sistema de administração de justiça que começa a se sensibilizar, cada vez mais, despertando para a necessidade da utilização e do incremento dos recursos de sistemas de informação e de redes de comunicação, numa era virtual de conectividade por meio de algoritmos, credenciais virtuais e chaves de acesso a plataformas digitais, com a finalidade de promover mais celeridade e eficiência na prestação de serviço jurisdicional. Por isso, a função da comunicação, nesse cenário, constitui elemento-chave para mensurar os resultados, em termos de êxito ou de malogro, considerando a mudança paradigmática ocorrida nos últimos 10 anos de "cibernetização" do Judiciário.

Para responder a essas e outras questões, um método eficaz e assertivo é a pesquisa empírica, sobretudo em relação ao êxito que se deseja obter em termos de aparelhamento do sistema de administração de justiça. O Direito, baseando-se nos auspícios do Positivismo do século XIX, dogmatizou-se em "pesquisas" substancialmente reduzidas à elaboração de teses, descomprometidas com um aporte empírico quantitativo e qualitativo, sob a pretensão de normatizar os processos num contexto em que a aleatoriedade é marca estruturante. Nesse sentido, a pesquisa materializada na obra Você Entende o Juridiquês? vem ressaltar a importância da comunicação simples como elemento constitutivo de um trabalho vanguardista. A capacidade do autor de transformar termos complexos que, antes, só se faziam compreensíveis a profissionais da área do Direito, tornando este conteúdo acessível também a outros públicos de interesse, torna esta obra um verdadeiro trabalho de ourivesaria acadêmica. É por meio deste livro que Marco Tulio Chaves de Oliveira apresenta à comunidade, seja a acadêmica, profissional ou leiga, o resultado de um esforço genuíno em empregar, no campo jurídico, pesquisas metodologicamente validadas, a exemplo da fórmula de inteligibilidade de Rudolf Flesch, com a qual entabulou suas conclusões.

A partir de sua trajetória como professor de História e, posteriormente, sua migração para a docência no Direito, o autor Marco Tulio Chaves de Oliveira reuniu fôlego, ao longo de quase 30 anos de debruçamento no cotidiano do campo jurídico, para elaborar uma reflexão objetiva sobre a inteligibilidade das decisões judiciais. O resultado desse trabalho, valida e confere laicidade à presente pesquisa, o que concorre para o sucesso de público e cumprimento do propósito para o qual foi elaborada.

O autor aplica resultados de pesquisa empírica na elaboração do conteúdo, de forma objetiva e simplificada, utilizando-se de uma linguagem clara e acessível, iniciando, já no primeiro capítulo, uma digressão sobre a importância da simplificação dos termos de um discurso como instrumento de inclusão social, contrastando as suas percepções com a experiência estadunidense concretizada na *plain language* e *readability*, elementos centrais de uma "palatabilidade" textual de facilitação de acesso à compreensão.

Soma-se a isso, no segundo e último capítulo desse trabalho compacto mas, profundamente verticalizado (ao contrário das extenuantes e cansativas autorreferenciais e egoicas narrativas), o aporte obtido nos grupos de controle, meticulosamente recortados a partir da escolaridade, do gênero, profissão e idade (balizas do processo cognitivo e compreensivo da linguagem). Para compor o referencial teórico, foram aplicados questionários, por meio dos quais o professor Marco Tulio manteve contato com os envolvidos na pesquisa. A coleta de dados se deu a partir das leituras de sentenças e acórdãos do Tribunal de Justiça do Distrito Federal e Territórios, contrastando as respostas obtidas ao algoritmo de inteligibilidade, o que resultou numa impressionante constatação que instiga e impulsiona o leitor a refletir sobre os mecanismos de aprimoramento necessários para que as decisões (em sentido lato) sejam efetivas e integralmente compreendidas pela comunidade de jurisdicionados.

Trata-se, sem dúvida, de uma pesquisa sem precedentes no campo jurídico, esta área do conhecimento tão familiarizada com a oposição de teses que se utilizam de fragmentos de empiria, sem esgotá-los. Esta obra vem suprir um déficit epistemológico que baseia seus conceitos unicamente no conhecimento intelectual e não reconhece outros saberes que não tenham fundamento dogmático, na autorreferência que Bárbara Lupetti chama de "diálogo consigo mesmo" (2008, p. 26). Ao contrário de outros estudos que descrevem os conceitos normativos considerando somente o que está escrito na lei, a presente obra oferece uma base metodológica simples e segura para que, doravante, os operadores e pesquisadores no campo do Direito possam beber desta fonte e produzir, cada vez mais, pesquisas não reificadas pelo impressionismo. A linguagem elementar utilizada para formular os conceitos que embasam esse trabalho, possibilita reflexões sobre como o Direito pode ser, cada vez mais, um instrumento de mudança em prol da humanidade, encurtando a distância entre o letrado e o leigo, simplificando o que causa diferenciação e separa os indivíduos: a comunicação complexa.

Brasília, 14 de dezembro de 2020.

Prof. Dra. Alessandra de La Vega Miranda[1]

1 Doutora em Direito e Estado pela Universidade de Brasília (UnB). Professora de Direito Penal, Processo Penal, Criminologia, História e Cultura Jurídica Brasileira e Introdução ao Direito no UniCeub, UnB e UDF. Assessora do Desembargador Roberto Freitas Filho, Tribunal de Justiça do Distrito Federal e Territórios

INTRODUÇÃO

O trabalho apresentado neste livro é, fundamentalmente, o resultado de uma ampla atividade investigativa, a partir da qual traduzi as expressões complexas, usadas pelos operadores do Direito, numa linguagem simples, valendo-me da compreensão empírica para aproximar o especialista, o que conhece os termos legais, dos leigos. A pesquisa para levantamento de dados, até chegar ao compilado de palavras que resultou na elaboração desta obra, teve início há mais de vinte anos, com as indagações que fiz, no exercício da advocacia, ao elaborar a pergunta fundamental que permeia todo o conjunto de dados e explicações descritas ao longo deste texto: as pessoas entendem as decisões do Poder Judiciário?

Para tentar respondê-la, recorri a conhecimentos de diferentes áreas do saber. Por meio de trabalhos científicos, a Economia, a Psicologia, o Direito, a Linguística, a Educação, a Estatística e a Ciência Política foram fontes das quais extraí alguns insumos teóricos para elaborar hipóteses que, somadas aos resultados obtidos por meio de experimentos, me levaram a fundamentar algumas propostas e forneceram indicativos em como incrementar o diálogo comunicativo entre a população diretamente interessada nas decisões judiciais e as autoridades que elaboram tais documentos.

Preciso alertar a você, leitor, que todo o conteúdo a seguir é resultado de uma árdua empreitada, de um exaustivo trabalho investigativo desenvolvido durante o meu mestrado acadêmico, entre os anos de 2017 e 2018. Faço esta advertência para que saiba que se trata de um conjunto de ideias e dados de caráter bastante técnico, os quais adaptei, de modo original, para o formato de um livro. Sendo assim, é possível que alguns trechos sejam de compreensão menos imediata. Não se incomode com isso. Verá que a sua dificuldade tem fundamento científico.

O referencial teórico, a base metodológica na qual se ancora esta pesquisa não resulta dos preceitos dogmáticos jurídicos, em que pese a defesa de seu caráter científico, no sentido de que se trata de estudos ou comentários que têm por objeto descrever, interpretar, sistematizar ou mesmo esclarecer o que é e o que diz o direito vigente, bem como indicar qual é o seu sentido (RAMÍREZ, 2007). Tampouco, escolhi a hermenêutica para a interpretação da linguagem judicial, ciência tradicionalmente utilizada por profissionais que lidam com as leis, tendo por objeto a sistematização dos métodos pelos quais se consegue interpretar um texto jurídico, definindo o seu significado (COELHO, 2017).

Adotei um método muito comum nas ciências naturais e exatas: a percepção empírica dos fenômenos, bem como a aplicação de pesquisas de campo para a coleta das informações aqui compiladas. Para que haja uma melhor compreensão desta obra, antes da apresentação do conteúdo e da análise dos resultados obtidos, serão indicados o modo como procedi e as premissas adotadas em cada momento da fase de levantamento de dados.

Um fato recorrente, ao longo da pesquisa, foi a constatação da (geralmente total) falta de entendimento das pessoas ao ler uma decisão judicial, confirmando o que verifiquei ao longo de anos, no trânsito entre os Tribunais e o escritório. Após a leitura do resultado da demanda, eu percebia que o meu cliente simplesmente não tinha a menor noção sobre o significado do julgamento proferido pelo Poder Judiciário. Diante disso, eu ficava indagando qual seria a razão pela qual a pessoa não entendeu a linguagem contida naquele documento.

Esta situação descreve, na verdade, um indício de que eu já realizava uma das tarefas iniciais na busca pela solução de problemas observados no processo judicial, quanto à resolução de conflitos, de maneira semelhante ao que também faz a ciência. O conhecimento desenvolvido empiricamente, por advogados, nos parâmetros em que foi feita esta pesquisa, inclusive, é indicado como uma das contribuições à compreensão científica (KARLAN, 2013).

Isto porque, o direito de acesso à justiça só poderia ser devidamente cumprido se não houvesse barreiras concretas à sua implementação prática, fato cotidianamente percebido por inúmeros procuradores. Existem vários obstáculos potenciais no processo de resolução de disputas e o que notei, ao longo dos anos, é que tornar mais simples a linguagem aplicada no âmbito do Direito pode ser um caminho de solução para eliminar ou, ao menos, enfraquecer tais empecilhos (DRABARZ, 2017).

Por outro lado, a experiência humana na elaboração de regras de comportamento demonstrou que o fato de uma decisão judicial estar na forma escrita não, necessariamente, significa a sua imediata compreensão por parte dos interlocutores, sejam eles os destinatários da mensagem ou os aplicadores da norma. Com isso, quero dizer que a própria ciência jurídica verificou que os preceitos legais também estão sujeitos a uma atividade interpretativa. Por conterem, implicitamente, conteúdos morais em seus pressupostos, é possível que haja conflito na aplicação de regras, devido à diferença entre os diversos significados potenciais das palavras utilizadas no âmbito judicial.

Esta é uma das razões pelas quais Hans Kelsen (1881-1973) reconheceu que existe uma atividade hermenêutica da norma quando esta deve ser observada pela comunidade ou por quem é o representante legítimo do poder público na aplicação da regra de direito. Desta forma, também as pessoas que irão cumprir o preceito legal necessitam compreendê-lo, para saber exatamente qual é o sentido da determinação que ele contém (SIMON, 2006).

Tais premissas fundamentam a elaboração, por exemplo, de acordos como a Convenção de Viena sobre o Direito dos Tratados, concluída no ano de 1969. Refere-se a uma convenção internacional em que os seus participantes, expressamente, indicaram maneiras de esclarecer o significado de termos e expressões, em um tratado internacional. A esse respeito, falarei adiante. É um documento que estabelece, explicitamente, como deve ser entendido um acordo entre diferentes países. Dito de outra forma, é uma regra que explica ou torna compreensível o significado de outra regra, o que se denomina interpretação.

Porém, não bastava detectar formal ou informalmente se as decisões judiciais não são compreendidas pela comunidade. A pergunta suscitada inicialmente necessitava de uma investigação em bases científicas para que, se encontrada uma resposta adequada, ela fosse simples e contribuísse para a superação das dificuldades diárias vivenciadas por quem lida com os termos que norteiam as decisões no campo do direito.

Desta forma, o leitor verá que a clareza e a ordem na narrativa, resultado de vários anos de estudos, estão na essência da redação correta e compreensível. Essa descrição, feita de modo simples e acessível a todos os públicos de interesse, é tanto uma reivindicação cívica quanto uma das bases conceituais para a adoção de políticas públicas para melhorar o entendimento da linguagem jurídica em cujas premissas, logicamente, está a inteligibilidade do relato observado nos processos judiciais (GONZÁLEZ, 2015).

Este trabalho não tem a pretensão de definir como devem ser redigidas as decisões judiciais, até porque já existe uma forma legalmente prevista para que o juiz solucione o conflito entre as partes. O objetivo, ao realizar esta pesquisa, por um lado, foi indicar as raízes da dificuldade dos jurisdicionados na compreensão dos julgamentos do Poder Judiciário. Por outro, apresentar os resultados obtidos com a coleta de dados que confirmam empiricamente tal complexidade. Constatada a existência do problema e as suas causas, é possível pensar em estratégias para superá-lo.

A pesquisa também não se destinou a investigar o processo de formação e desenvolvimento da linguagem. Ao longo do texto serão demonstrados alguns ganhos e perdas observados na interlocução feita pelo e para o direito, e deste com a sociedade, por intermédio da decisão judicial. Desta forma, tentei colaborar cientificamente na melhoria, sempre necessária e constante, da eficiência na comunicação entre o poder público e a coletividade.

O leitor encontrará, nesta obra, alguns elementos que contribuirão para que, em seu próprio campo de conhecimento ou atuação profissional, utilize formas mais simples de comunicação, facilitando a compreensão dos conteúdos transmitidos, auxiliando a tomada de decisão e possibilitando atingir os objetivos estabelecidos numa relação na qual seja necessário o uso das palavras, de modo oral ou escrito. Alguns trechos deste livro vão além do campo restrito do Direito e têm informações de interesse particular, cujo teor se aplica no âmbito das relações privadas.

A primeira parte tem natureza mais conceitual. Foram apresentados alguns precursores que realizaram trabalhos a respeito do tema aqui tratado e pesquisas acerca da inteligibilidade (ou *readability)* da literatura que discorre sobre o Direito. Não traduzi esta palavra como "legibilidade" (o que geralmente é feito). Isso porque, há diferenças consideráveis entre os termos inteligibilidade e legibilidade, sendo que o primeiro diz respeito a escrita (vocabulário, estrutura e facilidade de leitura) do texto, e contribui para o leitor perceber o seu significado. Já legibilidade relaciona-se com os fatores tipográficos (tamanho da letra, tipo da fonte e diagramação) e avaliação do grau de dificuldade da leitura em si (DUBAY, 2004). Durante a pesquisa, não encontrei a origem específica do termo *readability.*

Além disso, o leitor encontrará os principais conceitos e implicações para efeitos deste estudo, dentre os quais a elaboração de fórmulas que preveem o grau de facilidade de leitura de um texto. Em seguida, abordarei a *plain language,* descrevendo sobre seus idealizadores e suas propostas fundamentais. Em particular, a mudança na forma como os textos jurídicos são escritos, atendendo as necessidades de um público-alvo. A escrita objetiva e simples influenciou diretamente, por exemplo, a maneira como são redigidas as leis norte-americanas. Comunicar-se em *plain language,* numa tradução livre, significa utilizar uma linguagem clara ou simples. Apesar de vários autores tratarem do assunto *(EAGLESON, 1998; KIMBLE, 2006; GALLACHER, 2013), não há uma unidade conceitual* a respeito do termo.

Num tópico específico, demonstrei a metodologia utilizada para obtenção dos dados apresentados nesse livro. A argumentação que norteia o trabalho de que trata esse estudo está fundamentada em fórmulas matemáticas que consideram a quantidade de sílabas e extensão da frase de qualquer obra escrita. Nesta parte da pesquisa, utilizei sentenças e acórdãos judiciais, sendo possível calcular e prever o nível de complexidade para compreendê-las aplicando o método anteriormente citado. Os resultados obtidos foram expostos na forma de gráficos, relacionando inicialmente o total das decisões na 1ª e 2ª instâncias com o nível de compreensibilidade previsto.

Por meio de diagramas, foram comparados os julgamentos proferidos em diferentes áreas do direito e os respectivos índices de entendimento do teor destes documentos. Tais informações foram analisadas por meio de parâmetros de inteligibilidade e diretrizes da *plain language*. Por fim, o conjunto de avaliações foi confrontado com dados oficiais da população letrada.

A segunda parte do livro tem caráter tipicamente empírico. Expus os principais contornos da abordagem prática na forma de experimentos, a sua razão de ser, as suas finalidades e sua utilização como um dos fatores na composição do conhecimento científico acerca das expressões usadas pelos operadores do Direito. Indiquei o que são experiências de campo e as diversas maneiras pelas quais os pesquisadores obtêm dados confiáveis para elaborar suas inferências, apresentando também como o direito utiliza os os dados obtidos por meio destes estudos.

Com isso, é possível obter evidências que contribuem, por exemplo, para a investigação do valor social atribuído à lei, bem como a compreensão do fenômeno jurídico. Também mostrei alguns fundamentos relativos à avaliação de leitura do texto legal e sua relevância no contexto do estudo realizado junto a graduandos do ensino superior.

A partir daí, apresentei os componentes metodológicos da técnica aplicada nesta pesquisa, ou seja, as premissas utilizadas para elaborar o projeto experimental, as hipóteses de trabalho (testadas durante a etapa prática), o esboço do estudo e a metodologia utilizada para o levantamento dos dados. Nesta parte do livro, o leitor encontrará os resultados obtidos na forma de tabelas e gráficos, acompanhados de análises dos dados coletados durante a aplicação dos experimentos.

Minha intenção é que, após a leitura deste livro, você elimine a impressão de que é a única pessoa que não entende uma decisão judicial, pois esta é uma dificuldade mais comum do que se imagina. As experiências descritas neste texto demonstraram que seria praticamente impossível para a maioria das pessoas, por diversos fatores, interpretar uma sentença proferida por um magistrado, pelo simples fato de que os termos utilizados são incompreensíveis para a maioria da população.

I

AS DECISÕES JUDICIAIS E SUA COMPREENSÃO: UMA AVALIAÇÃO EMPÍRICA[2]

A decisão judicial é uma das maneiras pelas quais o Estado expressa os seus comandos. Trata-se de um documento que possui uma estrutura formal prevista em lei, mencionada, dentre outros, no art. 489 do Código de Processo Civil, inserida no contexto do devido processo legal. Este, por sua vez, é um princípio constitucional considerado relevante como garantidor de direitos (MENDES, 2015), em situações de ameaça ou lesão a uma prerrogativa legal (BUENO, 2017), observado nas demandas encaminhadas ao Poder Judiciário. Dito de um modo simples, na sentença está contida a formalização dos pedidos elaborados pelas partes interessadas e a resposta dada pelo poder público.

Porém, se consideradas quanto à disposição e relação lógica das frases, sua extensão e vocabulário, as decisões observadas na prática judiciária apresentam algumas dificuldades, as quais estão demonstradas neste estudo. Para torná-las mais claras e inteligíveis, este capítulo tenta responder duas perguntas fundamentais: o conteúdo das decisões judiciais, em si mesmo, pode ser compreendido pelo público ao qual se dirige? Quais elementos contribuem para que tais documentos sejam de difícil entendimento? Para responder a estes questionamentos, foram relacionados três elementos: o grau de facilidade de leitura de um texto, o documento avaliado e o público-alvo para o qual foi encaminhado.

A indagação que motivou este estudo tem como pano de fundo, por um lado, estudos realizados há mais de um século nos Estados Unidos, que tinham por objeto analisar a habilidade de compreensão de uma mensagem escrita e suas consequências e, por outro, o movimento estadunidense iniciado na década de 1960, ligado ao direito

---

2 Os dados relativos às decisões judiciais foram obtidos nos sítios eletrônicos dos tribunais (TJDFT, TRF1 e TRT10). O quantitativo populacional encontra-se na página do Instituto Brasileiro de Geografia e Estatística. As estimativas de inteligibilidade baseiam-se em cálculos obtidos pela aplicação de uma fórmula, denominada Flesch Reading Ease, a ser detalhada ao longo deste capítulo.

dos consumidores, que defendia, entre outros, o direito à informação e propunha que a elaboração de documentos legais deveria ser feita de forma totalmente clara, concisa e compreensível para todos os leitores.

1. *Readability* e *Plain Language*

1.1. Inteligibilidade de textos: primeiros estudos e linhas de pesquisa

Imagine que foi entregue a uma pessoa adulta, escolhida aleatoriamente dentre os transeuntes de uma movimentada rua, de uma cidade brasileira, o seguinte trecho de uma decisão judicial, para que ela o lesse: "impende destacar ainda que ao assinar e ratificar a Convenção de Montreal, o Estado brasileiro a ela se vincula integralmente, haja vista o princípio *pacta sunt servanda*, que norteia a aplicação do direito convencional internacional (tratados e convenções) e que impede a invocação do direito interno como escusa para a não-aplicação ou mesmo para a restrição do âmbito normativo da norma internacional". Após a leitura, poderíamos perguntar: você conseguiu entender plenamente o significado do trecho em questão? É possível que a resposta fosse negativa.

O experimento mental acima demonstra, implicitamente, preocupações de ordem prática, percebidas por educadores nos Estados Unidos, as quais se referem à habilidade de leitura que uma pessoa possui e a sua capacidade de compreensão do significado de um documento. Ao final do séc. XIX, os pesquisadores constataram que era necessário adequar os materiais de estudo ao nível de escolaridade dos alunos, otimizando o ensino e aprendizado.

O ponto de partida para os estudiosos da linguagem foi investigar se a extensão das frases e o vocabulário utilizado nos textos eram fatores que influenciavam a compreensão por parte do leitor. Num primeiro momento, autores como Lucius Sherman indicaram que as dificuldades de entendimento textual, se devidamente adequadas a uma metodologia mais acessível, poderiam se transformar em um princípio universal. Ele propôs que orações mais curtas e o uso palavras simples facilitaria o entendimento do conteúdo lido. Sua obra *Analitics of literature, lançada* em 1893, foi o marco de uma agenda que abriu frente para estudos posteriores sobre a inteligibilidade, representando o primeiro registro do uso estatístico da análise de um documento escrito e um método objetivo de crítica na arte de escrever (DUBAY, 2007).

A partir do trabalho de Sherman, formulou-se a pergunta fundamental a ser respondida para qualquer obra redigida: o que torna um texto mais fácil de ler do que outro? A isso se denomina *readability, um termo que abrange todos os elementos que contribu*em para o êxito na leitura e compreensão de um material impresso[3], que pode ser de qualquer natureza. Os primeiros estudos científicos observaram vários aspectos que interferem no entendimento de um documento. Dentre os obstáculos, estão a dificuldade de identificar o estilo da escrita (KITSON, 1921), o vocabulário, o interesse dos usuários, a extensão e a quantidade de frases e sílabas, bem como a legibilidade e cor dos caracteres, o uso de gráficos e a complexidade dos enunciados em relação à capacidade cognitiva do destinatário da mensagem.

Percebeu-se que era matematicamente possível prever a dificuldade do leitor para entender, por exemplo, o conteúdo de um livro escolar. Isso foi feito por meio de fórmulas publicadas a partir de 1923. A primeira delas consta no trabalho intitulado A method for measuring the vocabulary burden of textbooks, de Bertha A. Lively e Sidney L. Pressey. Estes métodos são usados como ferramentas de pesquisa restritas ao meio acadêmico.

A popularização desta metodologia pode ser atribuída a Rudolf Flesch, que apresentou uma tabela relacionando a quantidade de sílabas e palavras de uma frase, num texto, e seu nível de compreensão (FLESCH, 1949). Em sua abordagem, este estudioso adotava um critério puramente científico. Ao mensurar e testar o tamanho do conteúdo redigido, observou-se que a média dos leitores o entende, encaixando-se numa determinada habilidade de interpretação (FLESCH, 1946). Flesch expôs sua fórmula, denominada Facilidade de Leitura de Flesch (Flesch Reading Ease – FRE, no original em inglês), no livro A new readability yardstick, de 1948.

Posteriormente, outras equações para calcular a inteligibilidade de um texto foram elaboradas, tornando-se tão difundidas e variadas que atingiram a casa das centenas (KLARE, 1976). Algumas delas recebem o nome de seus criadores, como é o caso das Fórmulas Dale-Chall e Fry Graph. Outras, referem-se aos parâmetros que adotam, a exemplo das Fórmulas Fog Index, SMOG e Lexile (DUBAY, 2004). Podem ser aplicadas a quaisquer textos, sejam contratos, cláusulas de seguros, redação de leis e, no caso deste livro, uma decisão judicial. A praticidade desse método chamou a atenção da empresa norte-americana Microsoft® que, na década de 1980, o incorporou em seu programa Microsoft Word®.

---

3 Aplicou-se ao trecho de decisão do início deste tópico uma fórmula de inteligibilidade, obtendo-se uma pontuação igual a 62,0. Este resultado revela o grau médio de facilidade na leitura, indicando o nível de escolaridade suficiente para compreendê-la. De um modo geral, a ideia apresentada adequa-se também à realidade digital, ou seja, aos textos veiculados na internet (BARBOZA, 2007; CARLINER, 2002).

Apesar da facilidade no uso das fórmulas, várias críticas foram feitas, especialmente com relação a avaliar a facilidade na leitura de um texto, inclusive os jurídicos. Uma delas questiona se as variáveis linguísticas para a compreensão por determinado grupo de pessoas influenciam outro, da mesma forma (BORMUTH, 1966). Ou seja, indaga se o vocabulário ou estrutura das frases, por exemplo, de uma sentença judicial, interfere igualmente no entendimento, de uma pessoa com formação universitária completa e de outra ainda na graduação.

Frases muito extensas, a sistemática utilização de palavras extravagantes, o uso de latinismo e a voz passiva, tornavam as sentenças dos magistrados um quebra-cabeças para quem desconhece o direito.

Isto porque, a aplicação das fórmulas de inteligibilidade fornece uma previsão do nível de compreensão para determinado grupo-alvo. Avaliado um documento, indicado para um grau de escolaridade específico, é possível inferir se a média dos leitores de tal grupo teria condições de entender a mensagem escrita. Esta situação poderia influenciar, por exemplo, as decisões a serem tomadas por uma pessoa em função do que leu. Durante muito tempo, alegou-se que não havia evidências empíricas relacionando tais aspectos.

Por meio de pesquisas, muitos estudiosos (ANDERSON, 1986; CHARROW, 1979; LARSSON, 2006) tentaram suprir a carência de informações que comprovassem a confiabilidade das fórmulas, legitimando sua credibilidade em termos práticos. Ainda restam dúvidas sobre como se forma a percepção do significado textual. Isto porque, o processo de compreensão de um documento escrito envolve vários aspectos e não apenas variáveis estatísticas. Uma descrição completa dessa investigação deveria considerar o texto, o leitor e as circunstâncias em que interagem (LEFFA, 1996).

Paralelamente aos estudos sobre inteligibilidade no ambiente educacional, a partir da década de 1920, foi percebida a dificuldade no entendimento das decisões judiciais. Frases muito extensas, a sistemática utilização de palavras extravagantes, o uso de latinismo e a voz passiva, tornavam as sentenças dos magistrados um quebra-cabeças para quem desconhece o direito (FLESCH, 1946). Posteriormente, a partir de 1960, a demanda pela compreensão de documentos legais tomou corpo nos Estados Unidos.

Isto ocorreu em função do ativismo dos defensores de direitos do consumidor e provocou significativas alterações na comunicação, nas esferas pública e privada. A ação dos protagonistas deste movimento resultou, entre outras conquistas, na mudança em como as leis estadunidenses passaram a ser escritas. Exemplo típico de tal transformação, foi a determinação, mediante a *Executive Order 12044, do ano de 1978, do então Presidente Jimmy Carter* que, por meio de um decreto, estabeleceu a norma de que toda a regulamentação federal, a partir daquele momento, deveria utilizar uma linguagem simples e clara para expressar o teor de seus documentos. O movimento denominado *plain language estabeleceu princípios e diretrizes,* extensivas a vários setores (administração pública, instituições financeiras), sobre as quais passaremos a discorrer.

1.2. Simplificar a comunicação: a linguagem clara

Em janeiro de 1975, o Citibank da cidade de Nova York passou a emitir um novo modelo de nota promissória. Diferente da anterior e revista por linguistas, comerciantes e advogados, a nova versão utilizava uma linguagem simples e direta, facilmente entendida. Foi bem recebida por defensores do direito do consumidor que viram nessa iniciativa voluntária algo inovador. Também foi considerada uma ruptura em termos de comunicação entre a instituição e seus usuários (FELSENFELD, 1981).

Formalmente, este foi considerado o primeiro ato do que, mais tarde, se chamou de movimento da *plain english*[4].O primeiro esforço efetivo para mudar a preferência pela utilização de orações muito extensas, elementos abstratos e latinismos, entre outros estilos de escrita. A proposta era que todos e quaisquer textos fossem redigidos de forma a serem imediatamente compreendidos, em particular, por consumidores de produtos e serviços. Isto significava, na prática, que não apenas as pessoas com conhecimento técnico do direito, mas todas as que fossem abrangidas por um contrato, conseguiriam entender o seu conteúdo.

A premissa era a de que o propósito geral da linguagem é a comunicação e, para os defensores da clareza no táfego da mensagem até que ela chegue ao seu destinatário, , ela também deve ser eficaz. Para que isso se torne efetivo, é preciso que, no ato da escrita, o texto seja elaborado tendo o leitor em mente e que se escreva de modo claro e conciso. Este modo de redigir utiliza trechos mais curtos e verbos na voz ativa, seguindo uma ordem verbo-sujeito-objeto, com o emprego de palavras mais simples e frases no imperativo. Por outro lado, evita nominalizar o texto ou utilizar substantivos abstratos.

Apesar de haver divergência sobre o marco histórico, o momento exato em que teve início o movimento da plain english, é possível afirmar que ele remonta a um

4 Inglês claro, numa tradução livre.

período anterior à década de 1970. Isso porque, já nas décadas de 1930 e 1940, foram publicados textos que podem ser considerados como precursores da discussão acerca de uma linguagem clara. Exemplos disso são o Basic and the teaching of english in India (1938), de Adolph Myers, e Interglossa (1943), de Lancelot Hogben.

São documentos que apresentavam algumas propostas razoavelmente ousadas. O objetivo mais geral era o de facilitar a comunicação, o que poderia ser obtido, por exemplo, por meio de uma linguagem universal baseada no idioma inglês, utilizando menos de 850 palavras com as quais se poderia elaborar qualquer discurso. Por outro lado, estas abordagens se apresentaram como um último esforço no sentido de fazer uma padronização da fala em sintonia com um modelo de escrita simplificado (PENMAN, 1992).

O livro de Myers, mesmo decorridos mais de oitenta anos desde a sua escrita, chama a atenção por pretender, naquela época, o estabelecimento de uma metodologia que facilitasse o ensino e (talvez principalmente) a compreensão do inglês, de uma forma diferente da que era feita até então. Para isso, ele dividiu o texto de sua obra em três seções, dedicando a primeira a descobertas sobre o ensino da língua, a segunda relacionando o seu magistério com os problemas experimentados pelos professores e, por fim, propondo uma maneira básica e prática de ensino e compreensão daquele sistema específico de comunicação.

Dois aspectos desse livro, em especial, contribuem para o que leitor se surpreenda: por um lado, o autor afirma que mediante o uso de apenas oitocentas e cinquenta palavras seria possível explicar "todas as ideias normalmente abrangidas por outras vinte e cinco mil [palavras]". De outro, o objetivo real do "básico", como Myers afirma, é "atender a todos os tipos de necessidade de um inglês simplificado que a história e as circunstâncias criaram", ou seja, literalmente estabelecer tal idioma como uma forma universal de comunicação.

O projeto de Lancelot não é tão diferente do que propôs Myers. Logo no início do seu texto, ele explicitamente afirma que "a alternativa à barbárie é o repúdio às soberanias nacionais em unidades maiores de cooperação democrática, e aquela cooperação cotidiana de seres humanos comuns em um planeta escala não será possível a menos que autoridades educacionais de diferentes nações concordem em adotar uma única e mesma segunda língua", referindo-se ao idioma inglês como tal opção.

Segundo ele, para cumprir a finalidade acima, "uma segunda língua universal deve ser aquela em que as crianças podem progredir em direção à proficiência mais rapidamente do que costumam fazer", sugerindo que se o ensino de uma comunicação anglófona for eficiente, isso contribuirá diretamente para a compreensão desse idioma.

Se tais afirmativas correspondem ou não à realidade, é algo a ser comprovado mediante pesquisas mais aprofundadas. Na verdade, ainda restam dúvidas sobre a eficácia deste método, se uma escrita mais simplificada facilita a compreensão de um texto. Dito de outra forma, ainda não existem evidências empíricas de que o fato de alguém escrever num estilo, tendo como foco um determinado grupo de leitores, necessariamente será garantia de que a mansagem seja entendida por outros, ao menos, da forma como pretendeu ao ter em mente o primeiro público para quem o texto foi escrito. Estas questões foram objeto dos primeiros argumentos, indicados na seção anterior, relativos às fórmulas de inteligibilidade de um conteúdo, o que igualmente será feito no próximo capítulo.

De fato, a real compreensão de um documento escrito, o teste que o valida ou refuta, reside no seu uso. Sendo assim, não bastaria apenas que alguém afirme: "sim, eu entendi o que foi escrito", visto que tal declaração pode gerar mais confusões. O fundamental seria constatar que, além da compreensão do texto, houve aderência (ou ação) sobre o que (ou utilizando o que) foi lido (PENMAN, 1992).

Paralelo a tais discussões e, no intuito de entender como se deu esse processo ao longo dos anos, podemos visualizar, graficamente, a evolução de algumas das pesquisas que contribuíram para a compreensão dos textos escritos, da seguinte forma:

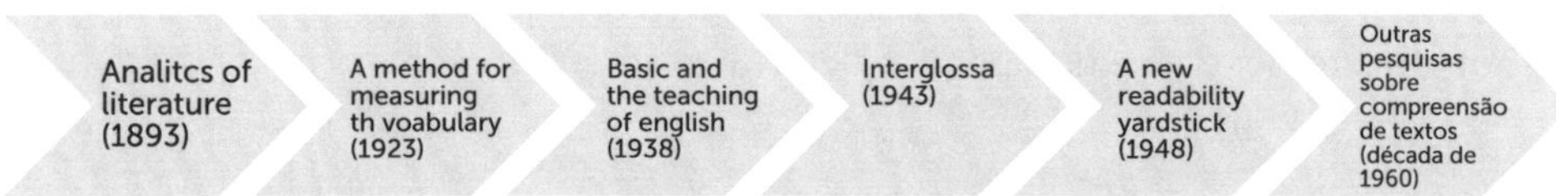

Um exemplo de linguagem clara pode ser conceituado de diferentes maneiras. Porém, muito provavelmente o leitor não terá dificuldades em compreender o seguinte trecho: "a lei incorporou um novo conceito", ao invés de "houve a incorporação de um novo conceito pela lei". Trata-se de uma amostra bem simplificada do resultado que é possível obter, ao utilizarmos um estilo de escrita direta.

> A comunicação será considerada clara e eficiente quando satisfizer as necessidades do público para o qual se dirige.

Neste livro adotei apenas, como equivalentes, as expressões *plain english (inglês claro) e plain language (linguagem clara). De um modo geral,* ambas estão diretamente ligadas ao modo como a parcela da sociedade que utiliza a língua inglesa em suas relações se comunica e, particularmente, à linguagem escrita, expressa na forma das decisões do Poder Judiciário, objeto de análise deste trabalho. Apesar de haver diferenças (WILLIAMS, 2011) no estilo redacional, elas não são relevantes para os propósitos desta obra.

Isso porque, a maneira como o direito se expressa é alvo de seculares críticas, remontando ao século XVI. Quando o sistema do *common law inglês foi transferido para as colônias*, na América do Norte, as quais posteriormente formaram os Estados Unidos, levou consigo o estilo arcaico dos advogados. Algumas características como palavras de difícil entendimento e frases excessivamente extensas eram comumente observadas (FLESCH, 1949). A falta de clareza em peças jurídicas era reclamação constante de estudiosos como Thomas Jefferson (1743-1826), principal autor da Constituição norte-americana, já em 1817 (WYDICK, 1978).

Objetivamente falando, um texto estará em *plain language* quando, em sua elaboração, utilizar alguns critérios, dentre eles: uma média menor do que 22 palavras por frase e um número médio menor do que 75 palavras por parágrafo. Conceitualmente, a comunicação será considerada clara e eficiente quando satisfizer as necessidades de compreensão do público para o qual se dirige. Ou seja, ela deve ser estruturada de maneira a proporcionar uma oportunidade na qual os leitores encontram o que precisam, compreendem o seu significado e fazem uso (CHEEK, 2010) do que foi apreendido. Esta definição tem foco nos resultados do documento escrito, o qual é elaborado para ser entendido por um determinado público-alvo.

1.3. Linguagem simples: sua importância, significados e inclusão social

Apesar do intenso debate ainda existente sobre a *plain language, envolvendo as suas premissas, a sua utilização e a sua eficiência, podem ser destacados,* em sua conceituação, alguns aspectos de natureza mais pragmática, visto que para muitos defensores de uma linguagem mais acessível, a inteligibilidade significa tanto a facilidade de leitura quanto o interesse em interpretar o material escrito (FLESCH, 1949)

Como visto até aqui, o principal objetivo do movimento em defesa de uma linguagem simples era fornecer um mecanismo por meio do qual a informação produzida pelo emissor, no texto de um cheque, por exemplo, chegasse de modo inteligível ao destinatário. A ênfase da mobilização passou, no entanto, da produção dos dados, emitidos em sua forma escrita, para a comunicação em sentido mais amplo (FELSENFELD, 1981).

A relevância de um texto, do ponto de vista da sua compreensão, pode ser percebida por meio de alguns aspectos, os quais serão destacados nesta obra. Por um lado, além da necessidade de se construir um documento com o emprego de termos mais precisos quanto ao sentido que o autor quer conferir ao seu teor, há um desafio ainda maior: a clareza na descrição das ideias. O ganho obtido com o emprego de uma linguagem mais simples, além do menor tempo gasto para compreensão textual, seria evitar erros ao comunicar a outra pessoa sobre a informação repassada (EAGLESON, 1998).

Algumas pesquisas indicam que a assimilação do que se lê é de natureza *responsiva, ou seja,* se efetiva de acordo com a capacidade que uma pessoa possui de responder corretamente, por exemplo, questões a respeito da compreensão de um texto. O nível de inteligibilidade seria percebido na medida em que despertasse no destinatário da mensagem um determinado número de respostas consideradas adequadas, se for considerado um grupo de leitores específico (SIRICO, 2008). Estas afirmações poderão ser percebidas numa dimensão empírica, no segundo capítulo deste livro, onde serão expostos os resultados de um experimento realizado com estudantes universitários.

Há um significado prático ao se utilizar formas mais simplificadas de escrita, mas o seu fundamento tem base conceitual num raciocínio proposto por Ferdinand Saussure (1857-1913). Para o estudioso suíço, a linguagem forma um sistema de crenças e construções sociais próprias de uma determinada comunidade, o qual, em parte, corresponde ao que denominamos cultura. Esta, por sua vez, estrutura as relações humanas criando uma socio-esfera que torna possível a vida em sociedade.

Desta forma, a compreensão dos símbolos que estruturam a escrita se expande entre as consciências individuais e as une. Ou seja, os caracteres utilizados na redação de um texto completam o seu conteúdo em um processo de interação social. Na prática, o significado que se confere a uma palavra, por exemplo, é uma ideia associada, uma interpretação que é aceita por uma determinada comunidade, obtida na comunicação diária e realizada de acordo com o que é coletivamente utilizado (LELL, 2016).

Dito de outra maneira, o sentido e a compreensão de um documento escrito lhe são atribuídos na medida em que todo o conjunto de palavras e construções gramaticais são, na prática, empregados por uma determinada coletividade em seus processos de comunicação. Dentre outras razões, isso ocorrerá, se a maior parte de seus integrantes fizer uso de tal padrão linguístico. Mais à frente, quando a metodologia que embasa este entendimento for explicada, o leitor terá uma visão mais ampla que o fará perceber se, no caso das decisões judiciais, isso se concretiza.

Por outro lado, é importante ressaltar que o emprego de técnicas de escrita que tornem o seu entendimento mais fácil não significa, necessariamente, pobreza redacional. Com isso, quero salientar que ao utilizar palavras e construções formalmente empregadas na redação de um texto, as quais sejam compreendidas pela maioria das pessoas, não equivale dizer que o resultado alcançado seja um compilado de informações com ideias ou uma argumentação de qualidade ruim.

Isto porque, quem redige um documento, com a finalidade de agregar valor aos processos de comunicação, geralmente tem a intenção de obter diferentes tipos de informação, dentre elas: descobrir qual o nível educacional do leitor, pois isso influencia na sua compreensão sobre o assunto objeto do estudo; ter uma estimativa das experiências literárias prévias do público-alvo; perceber o nível de motivação e a interação deste com o material produzido (KLARE, 1963). O que impulsiona alguém a ler um texto está diretamente relacionado com a maior ou menor vontade e/ou necessidade de um indivíduo de incorporar tal conteúdo ao seu patrimônio cultural.

Várias críticas podem ser endereçadas a quem opta por escrever de um modo descomplicado. Por um lado, a censura a um estilo de linguagem claro vai no sentido de que as pessoas que a utilizam querem uma versão simplificada, infantil ou monótona de determinado idioma. Além disso, o argumento contrário à comunicação mais simples afirma que a necessidade de expressar pensamentos mais complexos de forma precisa torna a plain language impossível.

Acrescente-se que uma escrita simplificada, na opinião de alguns comentaristas, não seria relevante, pois a sua abordagem, em termos comunicativos, é estreita, não havendo evidências empíricas de que uma redação compreensível melhoraria a compreensão. Várias outras alegações poderiam ser feitas e, num certo sentido, até contribuiriam para o debate relativo a este assunto.

Por sua vez, a defesa por uma linguagem clara sustenta que qualquer texto escrito deve ser simples, direto e econômico de acordo com as circunstâncias. Redigir desta forma pode até parecer fácil, mas, na verdade, documentos consistentes em seu teor, coerentes e, principalmente, compreensíveis, exigem um considerável nível de sofisticação. Por outro lado, a linguagem simples nada tem "contra" estilos literários que adotam o valor cerimonial de outras formas de se comunicar, a exemplo das decisões judiciais. Finalmente, cabe ressaltar que, palavras técnicas são úteis quando profissionais de uma determinada área do conhecimento escrevem entre si, o que não ocorre obrigatoriamente quando escrevem para um público que as desconhecem (KIMBLE, 2006).

Imagine você, leitor, diante do trecho de uma decisão em que é utilizada a expressão latina *res judicata*[5], ainda bastante presente nos textos dos processos judiciais. Muito provavelmente, já teria a dificuldade inicial em saber qual é o significado desta locução. Além disso, pode se perguntar: e no contexto específico de uma sentença de um magistrado, exatamente qual é o sentido de tal locução?

Diante do que foi abordado até agora, já seria possível mensurar alguns desdobramentos como consequência de uma escrita compreensível. O leitor irá constatar

5 Numa tradução literal: coisa julgada.

que a base conceitual deste trabalho é resultado da observação empírica de algumas hipóteses, as quais serão indicadas no decorrer desta narrativa. Mas, a partir deste ponto, já é possível formular uma primeira suposição, ainda não específica para os propósitos deste trabalho, considerando que há um razoável número de estudos científicos que apontam exatamente no mesmo sentido: a linguagem simples, se aplicada aos documentos escritos, facilita especialmente o processo de ensino-aprendizagem de pessoas com algum tipo de deficiência, contribuindo para a inclusão social. Esta última, por sua vez, pode ser compreendida se analisada sob diferentes perspectivas.

Historicamente, existem vários registros sobre a existência de tradições de exclusão, a exemplo das práticas realizadas em Esparta em relação a grupos de pessoas com algum tipo de deficiência, por não defenderem a coletividade a que pertenciam ou, supostamente, por serem tais indivíduos considerados como uma despesa pública estatal, em Atenas (SILVA, 1987).

Existe também uma dimensão cronológica, por meio da qual podemos observar a evolução ocorrida nos processos de comunicação, os impactos positivos percebidos, em momentos diferentes, no período moderno da nossa civilização. Do séc. XVIII, há relatos de que pessoas com deficiência, simultaneamente com mulheres e crianças, eram tomadas como mão de obra em indústrias na Inglaterra e na França (PAIVA; BENDASSOLLI, 2017). O motivo de tal ocorrênciase deveu ao fato de ser mais fácil manter estas pessoas trabalhando em condições degradantes, com baixo custo, o que era um parâmetro para a época. Por outro lado, no séc. XIX, este comportamento começou a mudar. Houve clara demonstração da sociedade no cuidado para com os grupos de pessoas com algum tipo de deficiência, no sentido de incluí-las no meio social, seja com a criação e o aperfeiçoamento do código Braille[6] ou por meio de atividades desenvolvidas por diversas instituições com a finalidade específica de auxiliar pessoas com algum tipo de deformidade física e/ou mental.

6 Trata-se de um sistema de leitura tátil utilizado por pessoas cegas ou com baixa visão, sendo tradicionalmente escrito em papel relevo. Os usuários do sistema Braille podem ler em telas de computadores e em outros suportes eletrônicos, graças a um mostrador em braile, atualizável. O sistema recebeu tal nome devido ao seu criador, Louis Braille, que perdeu a visão em um acidente, na infância. Em 1824, aos 15 anos, ele desenvolveu um código para o alfabeto francês, que proporcionou uma melhoria para a escrita noturna. Em 1829, publicou o sistema, que incluía partituras musicais e, em 1837, propôs uma segunda revisão, que foi a primeira forma binária de escrita desenvolvida na era moderna.

> A inclusão social também pode ser entendida por um viés tipicamente filosófico ou principiológico onde a concretização dos direitos indivisíveis e universais só será possível a partir do momento em que a diversidade, enquanto valor, se estabelecer.

A inclusão pode ser observada também de um ponto de vista institucional, no sentido de práticas corporativas que acolhem as pessoas que, em dado momento ou contexto social, apresentavam alguma característica que não as colocava em condições de desenvolver-se da mesma forma que outros grupos detentores de pleno potencial físico e mental.

Diversas instituições, as quais receberam indivíduos com alguma dificuldade específica, como o Instituto de Cegos (1854) e o Instituto de Surdos e Mudos (1856) são exemplos de organismos que, de maneira concreta, estabeleceram uma agenda de atividades voltadas a este público e, assim, serviram como facilitadores, possibilitando o acesso à educação e aprimoramento a cidadãos em situação de evidente desvantagem perante outros (CRUZ; ARRUDA, 2014).

A inclusão social também pode ser entendida por um viés tipicamente filosófico ou principiológico. Partindo da concepção contemporânea de direitos humanos, contida na Declaração Universal dos Direitos Humanos (DUDH), de 1948, cujas premissas fundamentam-se no reconhecimento de que todas as pessoas são dignas e, por outro lado, na característica de que tais direitos são indivisíveis e universais, sua concretização só será possível a partir do momento em que a diversidade, enquanto valor, se estabelecer.

Sendo assim, é indispensável que as diferenças sejam respeitadas. Uma forma de efetivar e garantir este direito é por intermédio do direcionamento de ações de cidadania que visem a identificação de pessoas com algum tipo de deficiência e a inserção destas em grupos sociais. Assim, estes indivíduos são tratados dignamente, como criaturas humanas pertencentes ao contexto social e cultural do meio onde vivem. Isso porque, as suas peculiaridades não podem ser tomadas como fator desencadeador ou de propagação de discriminações negativas ou exclusões. Devem, por outro lado, orientar tanto a atitude individual quanto a estatal na direção de políticas de consideração à diversidade, a fim de se edificar uma conjuntura social inclusiva (ARANHA, 2004).

Considerando este raciocínio, alguns princípios podem ser elencados como fundamentos para garantir o acesso e a participação de todas as pessoas na vida em sociedade, proporcionando concretamente oportunidades para qualquer indivíduo, independentemente de suas particularidades ou grupos aos quais pertença: a identidade pessoal e social e construção da igualdade na diversidade; a escola como espaço de construção da cidadania; a promoção da paz e o exercício da cidadania.

Os métodos de formação da base de uma sociedade, tornando-a inclusiva, podem também ser compreendidos sob a perspectiva das políticas de Estado. Dito de outra forma, por meio da atividade legislativa, expressamente, podem ser previstas regras obrigatórias de comportamento, nas quais a inclusão social seja tratada como uma alternativa justa e solidária de organização social. Várias (e conceituadas) publicações fazem referência a um grande número de normas internacionais e brasileiras que regulamentam a integração no sentido de estabelecer o direito das pessoas com deficiência ao ensino em geral e, posteriormente, a grupos mais restritos, de acordo com as suas particularidades.

A mencionada DUDH, em vários dispositivos, explicitamente, proclama o rol extenso de direitos nela previstos "como o ideal comum a ser atingido por todos os povos e todas as nações, com o objetivo de que cada indivíduo e cada órgão da sociedade (...), se esforce, através do ensino e da educação, por promover o respeito a esses direitos e liberdades, e, pela adoção de medidas progressivas de caráter nacional e internacional, por assegurar o seu reconhecimento e a sua observância universal e efetiva" (SENADO FEDERAL, 2015).

Apesar de não ser um tratado internacional e, portanto, não impor a sua obrigatoriedade, tal documento apresenta a proposta de erradicar quaisquer formas de discriminação, bem como ressalta o sentido de pertinência à uma coletividade (nacionalidade) permeando diversos preceitos relativos aos direitos humanos. No artigo II, inciso 1, define que "todo ser humano tem capacidade para gozar os direitos e as liberdades estabelecidos nesta Declaração, sem distinção de qualquer espécie, seja de raça, cor, sexo, idioma (...) riqueza, nascimento, ou qualquer outra condição", tendo como premissa a igualdade de todas as pessoas perante a lei e que estas devem ser protegidas de quaisquer formas discriminatórias (artigo VII).

Por sua vez, o artigo XV do mesmo texto prevê, no inciso 1, que toda pessoa tem o direito a uma nacionalidade e, além disso, que "ninguém será arbitrariamente privado de sua nacionalidade, nem do direito de mudar de nacionalidade" (inciso 2). Estar vinculado a uma coletividade, seja ela de maior ou menor amplitude, bem como, dela querer se desligar, é um direito que em si mesmo e, ao menos, na atualidade, não comportaria maiores discussões.

A primeira hipótese formulada se vincula diretamente ao artigo XXVI, incisos 1 e 2 da DUDH. Neles, foi previsto explicitamente o direito à instrução, seja no ensino básico ou técnico-profissional, no sentido do "pleno desenvolvimento da personalidade humana e do fortalecimento do respeito pelos direitos humanos e pelas liberdades fundamentais", devendo promover "a tolerância e a amizade entre todas as nações e grupos raciais ou religiosos, e coadjuvará as atividades." Fica, claramente evidenciando, um significado de pertinência, não apenas à comunidade nacional, mas igualmente como componente da coletividade internacional.

Após a Segunda Guerra Mundial, além da Declaração Universal de Direitos Humanos, vários outros documentos normativos empenharam-se em prever o direito à educação e à inclusão, como uma pauta permanente para salvaguardar grupos que, historicamente, foram objeto de práticas de exceção social. No plano internacional, devem ser lembrados o Pacto Internacional sobre Direitos Econômicos, Sociais e Culturais e o Pacto Internacional sobre Direitos Civis e Políticos, estes do ano de 1966; a Declaração sobre o Direito ao Desenvolvimento (1986) e a Declaração da Cúpula do Milênio das Nações Unidas (2000).

No Brasil, sem mencionar as cartas políticas anteriores, a Constituição Federal de 1988, logo no seu início, no artigo 6º, define como o primeiro dos direitos sociais (e também fundamentais) "***a educação, a saúde, a alimentação, o trabalho, a moradia, o lazer, a segurança, a previdência social, a proteção à maternidade e à infância, a assistência aos desamparados" (grifou-se). Ao tratar da ordem social, o artigo 193 estabelece que*** este preceito terá como base a prioridade do "trabalho, e como objetivo o bem-estar e a justiça sociais", metas que serão concretizadas, também, por intermédio do ensino.

Expressamente, o texto constitucional situa a importância da educação, dos artigos 205 ao 214, ao dizer naquele primeiro dispositivo que se trata de um direito "de todos e dever do Estado e da família" devendo ser "promovida e incentivada com a colaboração da sociedade, visando ao pleno desenvolvimento da pessoa, seu preparo para o exercício da cidadania e sua qualificação para o trabalho". Essa norma será viabilizada por meio de um plano educacional com "metas e estratégias de implementação para assegurar a manutenção e desenvolvimento do ensino em seus diversos níveis" que conduzam, como estabelece o inciso I do artigo 214, à "erradicação do analfabetismo", o que inclui, evidentemente, a capacidade de leitura, condição indispensável para que se cumpram estes preceitos.

A inserção social das pessoas com algum tipo de incapacidade tem por premissa o direito de igualdade.

Diversas outras legislações brasileiras estabelecem regras de inclusão para grupos socialmente vulneráveis, nos quais se incluem todas as pessoas que, de uma ou outra forma, não receberam formalmente a educação e meios para aquisição da capacidade de leitura. Dentre outras, são exemplos a Lei n. 8.742 (1993), a Lei nº 9.394/1996 (Lei de Diretrizes e Bases da Educação Nacional), a Lei Complementar n. 111 (2001), a Lei n. 10.835 (2004), a Lei n. 10.836 (2004), o Decreto n. 5.209 (2004) e o Decreto n. 7.492 (2011).

Para finalizar a abordagem jurídica, importa citar que este campo de conhecimento pontua uma definição do que entende por grupos ou pessoas com deficiência, bem como sobre inclusão social. Há um modelo normativo internacional, previsto no artigo 1º da Convenção das Nações Unidas sobre os Direitos das Pessoas com Deficiência (CDPD), o qual delimita serem deficientes as pessoas que "têm impedimentos de natureza física, intelectual ou sensorial, os quais, em interação com diversas barreiras, podem obstruir sua participação plena e efetiva na sociedade com as demais pessoas".

A inserção social das pessoas com algum tipo de incapacidade tem por premissa o direito de igualdade. A leitura, visando entender o significado do dispositivo constante do CDPD, pode ser feita por meio da teoria desenvolvida pelo filósofo alemão Jürgen Habermas. Ele dedicou parte de sua obra justamente ao aprofundamento das discussões sobre a igualdade (a princípio, formal) e a liberdade, aspectos definidores da individualidade, no contexto estatal democrático. Porém, ao ser aplicada a lei, o que é apenas uma convenção legal, modifica-se, adaptando-se a situações em que as pessoas com alguma diferença (inclusive, natural), em relação às demais, devem ser tratadas com o mesmo cuidado que se dispensa a qualquer indivíduo, devido à amplitude do que seja a igualdade, considerando o ser humano em sua essência.

Ao se falar em igualdade, devem ser considerados dois aspectos principais. Por um lado, existe um âmbito jurídico tipicamente linguístico que preconiza que qualquer regra deve ser compreendida num campo específico da filosofia da linguagem. Por outro, "a discursividade dos processos de justificação e aplicação das normas jurídicas, tanto na própria produção da lei" ou, então, na aplicação da regra "por meio das instituições públicas e privadas reconhecidamente admitidas no sistema jurídico em questão" (TEIXEIRA; MACIEL, 2017), são outros modos de se traduzir o termo igualdade.

O que foi dito, até aqui, servirá como pano de fundo para que o leitor faça uma relação entre o significado e as dimensões da inclusão social, a partir da hipótese levantada. Todas as abordagens feitas até este momento são no sentido de que se perceba que a linguagem simples pode contribuir diretamente para favorecer o processo educacional de indivíduos com deficiência e, nesse contexto, colabora para a promoção e a concretização do direito à inclusão social. Há um considerável número de pesquisas que indicam que a leitura ocupa uma posição de fundamental importância para o processo de inclusão social, contribuindo para integrar, na coletividade, pessoas com necessidade especiais, por meio da educação.

Numa sociedade em que, historicamente, o direito à inserção das pessoas consideradas portadoras de alguma imperfeição (devido à cegueira natural ou adquirida, por exemplo) é relativamente recente, pode-se afirmar que uma das maneiras de fazer com que haja a transformação socioeconômica dos indivíduos pertencentes a tais grupos, é por meio da construção e manutenção de uma base cultural que, qualitativa e quantitativamente, viabilize a modificação do contexto onde vivem, o que é possibilitado pela leitura.

Mas, a aquisição desta competência não contempla todo o processo de alfabetização, não significa mudança de realidade. Trata-se, na verdade, de algo que vai muito além da não tipificação de um indivíduo como *analfabeto funcional.* Sobre esta questão, falaremos adiante. Do leitor contemporâneo, se espera que tenha capacidades cognitivas que lhe permitam compreender, dentro da sua especificidade, o teor de um documento escrito: entender a chamada para participar do processo seletivo para um emprego; compreender aquilo que não está claramente expresso em um contrato de aluguel; se valer do senso crítico diante de uma propaganda política num *outdoor; diferenciar o conteúdo (às vezes*, tendencioso) de um jornal impresso, entre outros.

Estar apto a realizar, com eficiência, tais leituras, de um modo geral, possibilita que o leitor se destaque dos seus pares, ao menos, em três aspectos. Em princípio, é possível dizer que, com a aquisição desta competência, ele desenvolve uma singularidade, do ponto de vista cultural, que o permite compreender, com excelência, a sua história pessoal e a vida em coletividade. O segundo e relevante ponto é que, inegavelmente a pessoa que lê mais (e melhor) se destacará, das que não possuem esta habilidade, principalmente em suas atividades profissionais. O terceiro aspecto que distingue aquele que desenvolve múltiplas habilidades de compreensão textual dos demais, é que ele adquire aptidão para assimilar os diferentes e complexos códigos que norteiam os processos de comunicação da atualidade: como funciona a dinâmica do lugar onde se vive e qual o significado do contexto cultural que o rodeia (CARNEIRO, 2003).

Para os propósitos específicos da pesquisa que será descrita nas próximas páginas, foram consultados recentes estudos sobre o papel da linguagem e o discurso usado pelos estudiosos na busca por compreenderem como se estrutura o fenômeno da intolerância para com os diferentes, bem como a construção de narrativas de aceitação e inclusão social, particularmente em relação a materiais disponibilizados na *internet. A premissa é a de que*, para se desenvolver um senso mais apurado ou crítico na leitura dos documentos digitais escritos, é fundamental revisar os métodos de ensino-aprendizagem.

A partir da análise de tais investigações, foi possível reconhecer aspectos da típica fala discriminatória e perceber que esta prática situa a desigualdade a partir da ruptura de acordos sociais, tendo um viés ofensivo sobre determinada parcela da coletividade. Ainda, com base nestas consultas, foi possível descobrir, a partir destes contextos, qual a melhor orientação a ser adotada para formular enunciados que contenham preceitos que, de fato, norteiem a criação de meios inclusivos de acolhimento social, com o objetivo de desenvolver discursos que tornem explícitos conteúdos, valores e modos de vida diferentes (e positivos), rompendo com as posturas segregacionistas (BARROS, 2019).

É importante destacar que os estudos sobre os processos educacionais que, particularmente, relacionam a linguagem, a leitura e a inclusão social, tiveram um considerável avanço nas últimas décadas. Isso pode ser confirmado mediante utilização de diversas formas de avaliação nas escolas, valendo-se de métodos pelos quais é possível afirmar que a verificação do que foi aprendido corresponderá a um ensino inclusivo, se três fundamentais concepções foram consideradas na dinâmica educacional.

Primeiramente, deve-se ter como premissa que os testes de aquisição do conhecimento fazem parte da própria metodologia do magistério. A maior discussão, na verdade, é em relação aos objetivos a serem alcançados com a aplicação destes e como realizar tais exames, qual a dinâmica a ser utilizada neste processo. As chamadas avaliações qualitativas, por exemplo, contribuiriam para a construção da autonomia do próprio aluno em supervisionar o que está aprendendo.

Em segundo lugar, considerando-se que a prática da linguagem é, por si, um campo de discórdia, em que vários elementos se somam, as provas e testes feitos em sala de aula contribuem para a criação deste cenário onde as divergências acontecem, trazendo para o ambiente de ensino a possibilidade de formação do argumento, o que contribui para que se desenvolva, entre os sujeitos envolvidos no discurso, posturas de mediação para solucionar conflitos. Por fim, ao acrescentar a todos estes elementos a capacidade de entendimento, por meio das interações, das dinâmicas que acontecem no processo educacional, a realização de testes para mensurar a capacidade de apreensão de conteúdo se mostra como aspecto fundamental para organizar funções psicológicas superiores (FIDALGO, 2006).

Já foi mencionado que, no contexto contemporâneo, a linguagem utilizada nos meios cibernéticos e na *internet é objeto de pesquisas* que visam facilitar os processos de comunicação. Em algumas delas, os estudiosos utilizam uma metodologia semelhante à que se empregou na elaboração deste livro, para obtenção de resultados e elaboração de suas conclusões, com um típico caráter empírico. Um destes estudos consistiu em analisar a experiência, em sala de aula, com uma aluna de 29 anos que apresentava um quadro de paralisia extrapiramidal, com movimentos involuntários nos membros do lado direito do corpo, bem como dificuldades na fala e visão subnormal. Alguns pesquisadores utilizaram os recursos de um computador para que a própria educanda construísse o seu conhecimento, respeitando não apenas a maneira como ela manuseava o equipamento como, também, o seu ritmo de aprendizagem.

Na sequência, vários outros estudantes, também com necessidades especiais, participaram do mesmo projeto, que buscava incluir socialmente o grupo de alunos utilizando recursos digitais. Por meio de computadores, os educandos eram incentivados a executarem tarefas de maneira autônoma, buscando informações na *internet para solucionarem problemas. No caso de pessoas com síndrome de Down, por exemplo,* observou-se que o manejo da máquina, como recurso, contribuiu para elas produzirem dados com a finalidade de registrar o que foi criado ou estabelecer um processo de comunicação, o que levou os pesquisadores a compreenderem o pensamento dos participantes do projeto (SOUZA; SANTOS; SCHLÜNZEN, 2005).

A relação entre a inclusão social e o grau de dificuldade na leitura de documentos, apontada em diversas explorações científicas, mostra que a clareza do material escrito é tanto uma necessidade quanto um elemento fundamental para a comunicação eficiente no ambiente corporativo.

Investigações científicas, de maior amplitude, tentam responder a seguinte questão: a inclusão digital proporciona a inclusão social, se considerado como, para quê e por que as pessoas utilizam recursos tecnológicos? Analisando este fator, de um ponto de vista conceitual e diante do cenário contemporâneo, no que se refere às tecnologias de comunicação como meios de adquirir, reorganizar, analisar, repassar e receber informações, a inclusão digital pode ser entendida como o uso dos diversos equipamentos (computadores, *tablets, aparelhos celulares)* e suas funcionalidades. O usuário de dispositivo desta natureza poderá acessar e transmitir dados, compreender o seu funcionamento, programas e maneiras de aplicação, bem como ter acesso à informação de um modo amplo e irrestrito, além de interagir nas redes sociais e, por fim, aplicar o que aprende para a solução de problemas cotidianos, valendo-se da imensa quantidade e qualidade de informação disponível na rede mundial de computadores (*internet).*

Uma universidade do interior de Minas Gerais desenvolveu um projeto no qual o objetivo era fornecer à comunidade local o acesso básico à tecnologia da informação. A intenção era possibilitar que uma parcela da população local, excluída digitalmente do contexto social, pudesse obter conhecimento por meio de recursos tecnológicos. O novo saber poderia ser utilizado por estas pessoas para facilitar as suas rotinas, pois, a partir dele, elas poderiam recuperar e reconhecer informações úteis e necessárias para tomada de decisões que, sem este recurso, não seria possível. Ao realizar uma pesquisa para avaliar os resultados obtidos, a instituição de ensino constatou, dentre outros aspectos que, por meio da inclusão digital, aquela população pôde acessar conteúdos disponíveis na rede mundial de computadores, elaborar novos conceitos e difundir o que aprendeu, sendo agentes propagadores de novos saberes. Outra percepção foi que, mediante o incremento de atividades desta natureza, novos conhecimentos são incorporandos na sociedade, indicando que a inclusão digital pode contribuir para a inserção social de grupos desfavorecidos (PORTO, 2016).

As experiências indicadas evidenciam um elemento em comum. É provável que, se a linguagem dos textos utilizados nas pesquisas fosse de grande complexidade, os participantes dos projetos teriam grande dificuldade em compreendê-los. Em que pese não ser esta a hipótese investigada no decorrer deste livro, a relação entre a inclusão social e o grau de dificuldade na leitura e compreensão de documentos, apontada em diversas abordagens científicas, mostra que a clareza do material escrito é tanto uma necessidade quanto um elemento fundamental para a comunicação eficiente no ambiente corporativo, o que será objeto de considerações no próximo item.

1.4. A comunicação simples nas empresas: dificuldades e benefícios

A utilização de uma linguagem clara na formulação dos conceitos e a inteligibilidade dos documentos escritos pode ser observada, de maneira prática, em outro espaço de investigação, a saber, no ambiente corporativo. Isso porque, apesar dos resultados e das pretensões da pesquisa, adiante descritos, se restringirem a um campo mais específico, o processo investigativo para a sua elaboração se relaciona com a atividade de cientistas que procuram identificar quais elementos contribuem para que a transmissão de informações redigidas seja eficiente em todas as fases e setores da atividade empresarial.

Aparentemente, a dificuldade enfrentada por duas pessoas que estabelecem uma relação com a finalidade de enviar e receber informações, bem como compreendê-las de maneira apropriada ocorre, com as devidas proporções e em essência, da mesma forma que na atividade comercial e, talvez, em maior escala, no ambiente corporativo. A complexidade está no fato de que, nem sempre, um comando emitido pelos administradores de uma sociedade empresarial será integralmente assimilado e executado, de modo linear, pelos colaboradores. Isso pode ocorrer no âmbito das diversas seções de uma grande cadeia de supermercados, por exemplo. A instrução é elaborada, geralmente, por escrito e repassada aos destinatários por meio de diferentes canais de comunicação e formatos, o que faz com que haja dificuldade de compreensão e, o que seria para informar sobre algo ou alguma determinação relevante, acaba sendo um transtorno, ocasionando um obstáculo adicional.

A necessidade de sistematização de processos para facilitar o diálogo no âmbito das corporações, a comunicação interempresarial, bem como a interlocução com a sociedade, podem ser igualmente percebidas diante do mais desafiador dilema que envolve esta questão: estabelecer um um padrão internacional de comunicação simples.

É possivel, por meio de uma abordagem exploratória, analisando manuais de cartas comerciais produzidos no Brasil, no eixo Rio-São Paulo, no período de 1950 a 2000, obter dados que validem o que foi exposto anteriormente. Trata-se de um compêndio de informações, cujo objetivo geral foi averiguar em que medida as publicações de correspondência comercial inspiraram os profissionais daquela rede de supermercados na elaboração de documentos específicos. A partir de propostas da historiografia linguística, bem como da teoria da comunicação organizacional, foram desenvolvidas algumas teses que defendem que a comunicação escrita eficiente é fundada num tripé, obedecendo a seguinte ordem: transformar uma ideia em assunto comum para produzir uma resposta mediante o convencimento de quem recebe a mensagem.

No processo acima descrito, várias interferências são observadas, na prática. Uma delas é de natureza cultural, sendo evidenciada na elaboração de textos internos das empresas, as quais utilizam palavras ou frases complicadas ou ambíguas. A conclusão à qual o estudo chegou é que, apesar de não existir uma metodologia e explicação sobre a elaboração de um modelo de comunicação empresarial, além de inexistirem referências bibliográficas fornecendo consistente fundamentação e clareza, os manuais analisados foram úteis, no período em questão, para diversos profissionais construírem um *corpus de comunicação comercial consistente* (ZANON, 2010).

A necessidade de sistematização dos processos para facilitar o diálogo no interior das corporações, a comunicação interempresarial, bem como a interlocução com a sociedade, pode ser igualmente percebida diante da mais desafiadora questão a ser enfrentada, em se tratando da prática e do estudo do que seja uma linguagem clara:

como estabelecer um padrão internacional de comunicação simples. De um modo geral, o modelo de linguagem clara a ser aceito pela comunidade estrangeira deveria, entre outros aspectos, ser baseado numa checagem de elementos parametrizados ou ter como suporte um teste de resultados para o usuário.

Existem algumas alternativas para que se possa alcançar uma eventual padronização que facilite e simplifique um diálogo universal. Para isso, os estudos devem se basear em: elementos detalhados e específicos para uma única língua; elementos *menos detalhados e não específicos para uma língua; somente em resultados; elementos obrigatórios e resultados como elemento adicional; elementos integrados, exigindo tanto os obrigatórios quanto os resultados (*HARRIS; KLEIMANN; MOWAT, 2010).

A necessidade de uniformizar a linguagem, simplificando a comunicação interpessoal nas organizações, pode ser observada em estudos empíricos, baseados em experimentos de campo e realizados com grupos de executivos em cursos de aperfeiçoamento profissional. É desse modo que se demonstra como tais *experts encaram as suas dificuldades no campo da interlocução com os seus pares, intra e interempresariais, bem como compreendem* as barreiras que impedem a fluidez da comunicação no ambiente corporativo.

Numa pesquisa realizada em cidades do norte do Paraná e sul de São Paulo, tendo como principais participantes empresários de diferentes setores da economia e com a finalidade de qualificar tais indivíduos como especialistas em Administração Geral e Estratégia, os cientistas prepararam diferentes seminários. Num deles, especificamente, denominado "Comportamento organizacional – comunicação nas empresas", a dinâmica consistia em solicitar aos participantes da atividade que indicassem quais os maiores problemas encarados na comunicação interna de uma empresa.

Uma das principiais dificuldades apontadas foi o fato de que, por haver diferentes históricos relativos à educação e experiências de emissores e receptores de uma informação, é comum perceber a dificuldade em padronizar a compreensão dos agentes envolvidos num processo comunicativo. Divergências culturais e cognitivas, por exemplo, percebidas durante uma simples conversa, são previsíveis numa reunião com vários indivíduos. Isso pode levar a embates durante o diálogo, por haver, por exemplo, o desconhecimento de termos ou expressões.

Ao término dos seminários, algumas discussões foram levantadas, particularmente no que se refere a algumas deficiências no ensino formal da língua portuguesa, que podem colaborar (ou não) para o quadro descrito. Inicialmente, foi apontado que a linguagem é produto e não o processo de comunicação. Por outro lado, ficou evidenciada a necessidade de serem pesquisadas as consequências mais abrangentes do processo de aquisição e prática da linguagem (FREGONEZI; CONTANI, 1994)

Nesta primeira seção, foram expostos alguns conceitos, propostas e exemplos sobre a inteligibilidade de um texto, a linguagem clara e alguns de seus desdobramentos, como abordagens iniciais deste estudo. No próximo tópico, explicarei a metodologia utilizada para avaliar as decisões judiciais. Utilizei alguns critérios, como a complexidade das frases e palavras, as quais definem o grau de facilidade na compreensão de sentenças e acórdãos. Tais elementos serão observados durante a análise de gráficos que demonstram os resultados obtidos com a aplicação de um *software específico* para esta finalidade.

O propósito, com esta investigação, foi obter, matematicamente, a previsão de *readability dos documentos elaborados pelo Poder Judiciário.* De posse destas informações, será possível responder a pergunta-chave deste livro: considerada em si mesma, a linguagem constante dos julgamentos proferidos por juízes e Tribunais é entendida por seu público-alvo?

2. A Fórmula de Inteligibilidade de Rudolf Flesh

Nesta pesquisa utilizei o programa Microsoft Word® *que, na década de 1980, incorporou* em sua base de dados a fórmula de inteligibilidade de Rudolf Flesch. Rudolf Franz Flesch, foi um autor austríaco naturalizado americano, defensor do inglês simples para os Estados Unidos. Ele criou o teste *Flesch Reading Ease* e foi co-criador dos testes de inteligibilidade *Flesch – Kincaid.* Em seu livro Why Johnny Can't Read (Por que Johnny não pode ler?), enfatizou o uso de recursos da fonética para permitir que os alunos entoassem vocábulos desconhecidos. Foi um grande especialista em intelegibilidade e consultor de redação. Ao ser aplicado, este método fornece um valor que corresponde ao grau de facilidade na leitura de um texto, expresso em forma numérica. Não é uma grandeza absoluta, pois a pontuação refere-se à compreensão média de um grupo específico de leitores, relativa à clareza de determinada obra escrita.

O nível de complexidade de um documento é disposto numa escala de pontuação que varia entre 0 e 100. O entendimento da mensagem redigida será considerado mais fácil quanto mais alta a pontuação obtida. Inversamente, quanto menor a pontuação, maior a dificuldade de compreensão textual. Esta é a fórmula da pontuação de Facilidade de Leitura de Flesch (ou *Flesch Reading Ease – FRE) é: 206.835 – (1.015 x ASL) – (84.6 x ASW), onde a sigla ASL significa average sentence length (numa tradução livre: comprimento médio da frase, ou seja, o número de palavras dividido pelo número de frases) e ASW significa average number of syllables per word (numa tradução livre: número médio de sílabas por palavra, ou seja, o número de sílabas dividido pelo número de palavras).*

Ao elaborá-la, seu autor propôs um gráfico com os escores de compreensibilidade de um texto, como demonstra a tabela 1. Aplicada a determinado conteúdo escrito, obtêm-se uma pontuação. Um documento cujo valor de inteligibilidade seja igual a 48,3 apresenta compreensão mais difícil. Isso significa que o leitor necessita ter um o nível de escolaridade equivalente ao ensino médio para entender o que leu.

Na Fórmula de inteligibilidade de Rudolf Flesch o nível de complexidade de um documento é disposto numa escala de pontuação que varia entre 0 e 100.
O entendimento da mensagem redigida será considerado mais fácil quanto mais alta a pontuação obtida e vice-versa.

Tabela 1

Flesch Reading Ease Score: os graus de escolaridade e a facilidade de compreensão dos textos

Facilidade de compreensão	Flesch Reading Ease	Grau de escolaridade
Muito difícil	0 - 30	Universitário
Difícil	30 - 50	Nível Médio ou universitário incompleto
Mais difícil	50 - 60	Nível Médio incompleto
Padrão	60 - 70	7ª ou 8ª Série
Mais fácil	70 - 80	6ª Série
Fácil	80 - 90	5ª série
Muito fácil	90 - 100	4ª série

Fonte: University of Texas (Austin). The Acessibility Institute. *Flesch-Kincaid, and Flesch Reading Ease formulas.*

O FRE e a pontuação indicada podem ser visualizados mediante o simples uso do programa de computador Microsoft Word[7], bastando para isso apenas acionar alguns comandos, da seguinte forma: aberto o programa e escrito o texto, no campo superior esquerdo da tela, deve-se clicar sucessivamente em "arquivo", "opções" e "revisão de texto". No menu "ao corrigir a ortografia e a gramática no word", marcar a opção "estatísticas de legibilidade". Feito isto, retorna-se ao menu principal do programa, onde o usuário deve clicar sequencialmente em "revisão" e "ortografia e gramática". Será feita,

7 O procedimento descrito pressupõe que o idioma utilizado no Microsoft Word seja o português brasileiro.

automaticamente, a revisão ortográfica e gramatical do documento, sendo exibida, em seguida, a imagem abaixo.

Figura 1

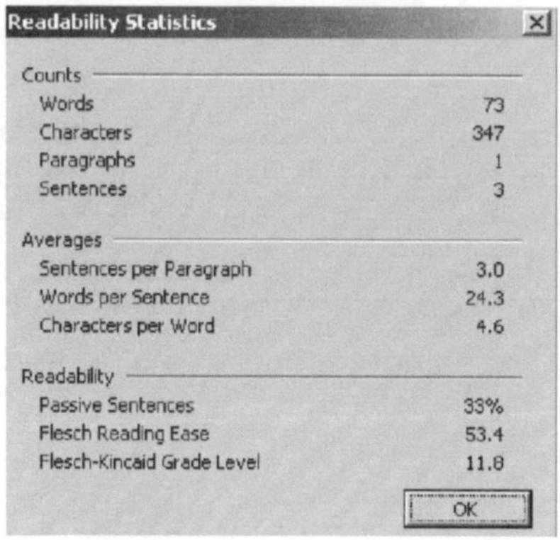

Fonte: Univesity of Texas (Austin). The Acessibility Institute. *Flesch-Kincaid and Flesch Reading Ease Formulas.*

Os números referentes à inteligibilidade (*readability), são justamente os escores do teste. Na figura acima, corresponde ao valor 53,4. O índice é aplicável a qualquer texto redigido em português e a versão utilizada do programa Microsoft foi o Word 2013®, em ambiente operacional Windows 10 Pro®.*

2.1. Obtenção dos dados

Os dados, a seguir, foram obtidos mediante um procedimento idêntico, aplicado a todas as decisões judiciais. Em *sites eletrônicos de determinados tribunais, escolheram-se diversas sentenças e acórdãos. Por razões de conveniência*, durante a pesquisa, restringiu-se a análise ao primeiro e segundo graus de jurisdição. Um segundo critério foi optar pelas áreas do direito civil, do consumidor, previdenciário e trabalhista como as matérias a serem analisadas.

Os sítios de onde o material foi retirado, para avaliação, são os seguintes: a) www.tjdft.jus.br (página oficial do Tribunal de Justiça do Distrito Federal e Territórios –TJDFT/ Justiça Local); b) www.trf1.jus.br (página oficial do Tribunal Regional Federal da 1ª Região – TRF1/Justiça Federal) e; c) www.trt10.jus.br (página oficial do Tribunal Regional do Trabalho da 10ª Região – TRT10/Justiça do Trabalho).

Acessada a decisão, usando a tecla direita do *mouse*, selecionou-se o trecho desejado. Após este procedimento, apertavam-se, simultaneamente, as teclas "*control*" e "c" para copiar o texto. No programa *word* aberto, em seguida, apertavam-se simultaneamente as teclas "*control*" e "v" do teclado do computador para colar o texto. Para obter a pontuação de cada decisão, procedeu-se da maneira indicada no subitem 1.2. O próprio programa se encarregou de realizar as tarefas de revisão da ortografia e gramática, apresentando a tabela mostrada na figura 1, que indica o nível de inteligibilidade.

O procedimento descrito foi aplicado para cada sentença e acórdão selecionado, totalizando 290 decisões do primeiro documento e 210 do segundo. Os valores foram reunidos num relatório simples e, em seguida, passou-se a elaborar os gráficos apresentados e analisados a seguir. Na análise das decisões (ver subitem 1.2.3), foi alterada a terminologia constante da tabela 1. Ao invés da expressão "mais difícil" adotou-se "relativamente difícil" para os níveis de inteligibilidade.

2.2. Apresentação e análise de resultados gerais

Inicialmente, foram observados dois aspectos relevantes na obtenção dos dados. Por um lado, houve uma considerável dificuldade no acesso à decisão, em particular na página da Justiça Federal. Isso porque, existia uma quantidade maior de *links*, algumas funções inoperantes e ausência de informações. Era frequente constatar que acórdãos não estavam disponibilizados, entre os meses de outubro e dezembro do ano de 2017. O *site* mais operacional, nesse sentido, foi o da Justiça do Trabalho.

Por outro lado, a utilização de diferentes navegadores contribuiu significativamente para o avanço do estudo e visualização do material a ser pesquisado. Foram utilizados o Google Chrome, o Mozilla Firefox e o Internet Explorer. No início da pesquisa, o primeiro mostrou-se mais eficiente. Com a prática, o segundo demonstrou ser mais efetivo para as funções de "copiar" e "colar" o texto. Atividades desnecessárias como aumentar ou reduzir o tamanho da tela ou rolamento da página eram frequentes em determinado navegador, o que não ocorria em outro. Outros fatores também eram causa de demora na obtenção dos dados, tais como: tamanho dos caracteres, disposição dos *links* na página e utilização de linguagem desconhecida pelos usuários. O terceiro navegador foi descartado.

> Existe uma relação inversa entre o tamanho da decisão e a dificuldade para compreendê-la. Quanto menor o texto, maior a dificuldade de seu entendimento.

O gráfico[8] 1 demonstra os percentuais quantitativos dos tipos de decisões selecionadas para a pesquisa. Optou-se, apenas, por julgamentos produzidos na 1ª e 2ª instâncias e, respectivamente, por sentenças e acórdãos. Isso porque, não haveria tempo hábil para avaliar os documentos de tribunais superiores, em particular, do Supremo Tribunal Federal e do Superior Tribunal de Justiça.

Gráfico 1

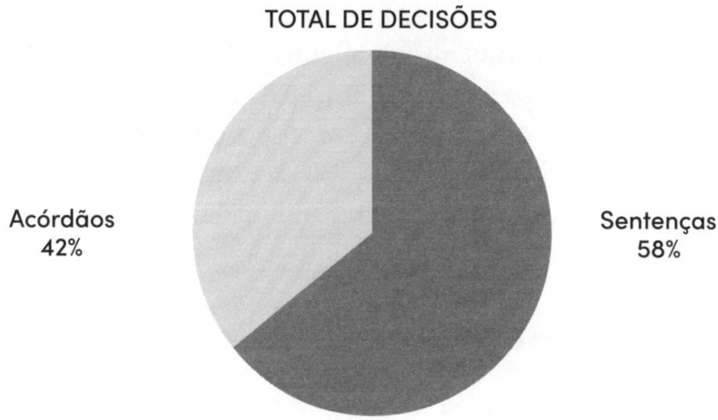

Do total de documentos avaliados, a maior parte (58%) era composta por sentenças. Uma das razões para a diferença, em termos percentuais, destas para os acórdãos, é que o primeiro pronunciamento do Poder Judiciário não significa que a parte perdedora irá necessariamente recorrer. E, não é este motivo o objeto de investigação da pesquisa. O estudo não se concentrou em questões processuais, mas na avaliação da inteligibilidade das decisões judiciais. Porém, no decorrer das investigações, constatou-se outro aspecto relevante.

De um modo geral, existe uma relação inversa entre o tamanho da decisão e a dificuldade para compreendê-la. Quanto menor o texto, maior a dificuldade de seu entendimento. O inverso, porém, não foi observado. Mas, percebeu-se que, apesar de numericamente inferiores, os acórdãos apresentam, em regra, maior extensão textual. E não apenas isto: a complexidade das palavras utilizadas, particularmente os termos técnicos nas decisões da segunda instância, era geralmente maior.

Tal situação parece confirmar uma hipótese preliminar: a inteligibilidade de um texto está relacionada ao problema do encontro do usuário com o conteúdo escrito (BARBOZA, 2007). Nos julgamentos realizados por magistrados e desembargadores,

8 Todos os gráficos que não apresentam indicação específica da fonte foram elaborados pelo autor.

especialmente os acórdãos, a inteligibilidade refere-se a todos os fatores que interferem na fluidez da leitura e no entendimento do teor dos documentos. Dentre eles, destacam-se a complexidade das frases em relação à habilidade do leitor em entendê-las, a qualidade da impressão, a disposição espacial, o interesse e a motivação do público-alvo.

A segunda suposição era a de que os acórdãos, por sua própria natureza, eram menos compreensíveis do que as sentenças. Isto significa que o termo *readability*, na pesquisa, foi utilizado de maneira específica, ou seja, indicava a facilidade com que uma pessoa entende as decisões do Poder Judiciário em função do seu estilo de escrita. Porém, há outras formas de utilização do termo inteligibilidade: para indicar a facilidade de leitura em função da caligrafia ou impressão do texto ou devido ao prazer que a escrita proporciona ao leitor. Mas, o modo comum de medir a simplicidade de um material escrito é presumir que palavras incomuns são mais difíceis de ler que as comuns (LARSSON, 2006), o que se observou com frequência em sentenças e acórdãos.

Esta afirmação se mostrou correta quando foi aplicado o FRE à totalidade das decisões objeto do presente estudo. Percebeu-se que os escores de facilidade da 2ª instância são, em média, menores. Ou seja, a fórmula indica que as sentenças são mais inteligíveis do que os acórdãos, seguindo a lógica de que quanto menor o valor, menor o grau de compreensão. Deve-se frisar que a fórmula considera relevantes dois parâmetros: a média da extensão das frases, bem como o número médio de sílabas por palavra. Respectivamente, o número de palavras dividido pelo número de frases e o número de sílabas dividido pelo número de palavras

O gráfico 2 mostra as decisões de 1ª instância, ou seja, a quantidade total de sentenças da Justiça do Trabalho (TRT), da Justiça Comum (TJDFT) e da Justiça Federal (TRF) consideradas na pesquisa. Ele indica que a maior quantidade de julgamentos avaliados (56%) foram os da justiça trabalhista, no contexto das relações empregatícias. Porém, deve-se registrar que fatores como a operacionalidade do *site* (ver subitem 1.2.3.1) também colaboraram para a obtenção dos dados da análise realizada.

Gráfico 2

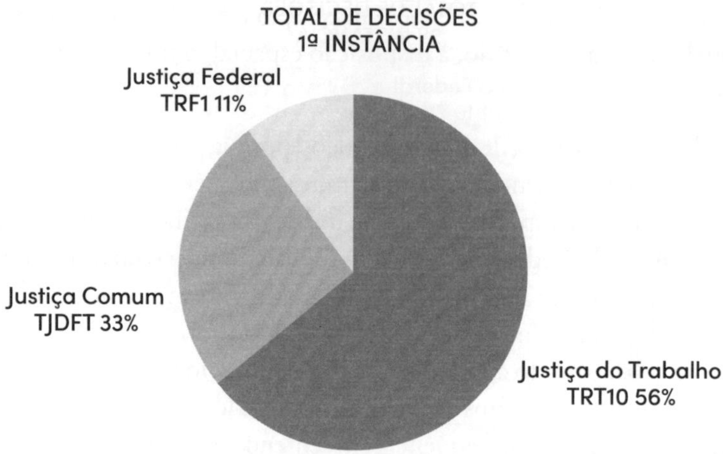

Não se observou, na elaboração do gráfico acima, uma expressiva diferença qualitativa na inteligibilidade das sentenças. De um modo geral, as decisões indicadas no gráfico 2 e proferidas na 1ª instância apresentaram escores que variam entre 20 e 40. Exigem, portanto, que o leitor possua, ao menos, o ensino médio completo, para que sejam entendidas. Ocorre que, a mera posse do diploma de 2º grau não indica necessariamente a competência linguística para interpretar a decisão proferida por um juiz de primeiro grau.

Isto significa que os dados apresentados tendem a estar subestimados, no que tange ao percentual de brasileiros capazes de entender as decisões dos tribunais. Esta afirmação está relacionada ao conceito de analfabetismo funcional. Tal definição refere-se à pessoa que, apesar de conseguir ler e escrever um texto simples, não possui as habilidades necessárias para se desenvolver pessoal e profissionalmente. No Brasil, o percentual do público que se encaixa neste critério é em torno de 30,3% da população de indivíduos economicamente ativos (BARBOZA, 2007).

O gráfico 3 apresenta a mesma característica do anterior. Ou seja, apenas numericamente há distinção entre acórdãos, mas a média de dificuldade é semelhante. Porém, o total das decisões trabalhistas (75%) é consideravelmente maior que as outras, em função da acessibilidade dos dados oferecida pelo sítio do Tribunal Regional do Trabalho.

Gráfico 3

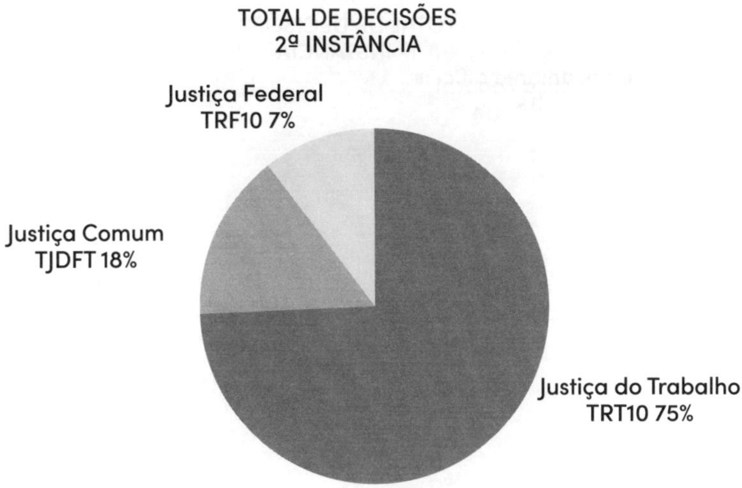

2.3. Apresentação e análise de resultados específicos

Nesta seção, serão apresentadas análises e dados específicos relativos às sentenças e, em seguida, aos acórdãos. Nesta etapa da pesquisa, puderam ser observados, em detalhes, os índices de inteligibilidade das decisões. Foram escolhidas determinadas áreas jurídicas, a saber, o direito civil, o direito previdenciário, o direito do consumidor e o direito do trabalho, na suposição de que em tais campos houvesse mais ações judiciais, o que contribuiu para gerar uma base de dados quantitativamente maior.

Com a aplicação do FRE e a obtenção dos resultados, tal hipótese foi descartada pelo simples fato de que a fórmula pode ser aplicada tanto a uma quanto a várias decisões, gerando o mesmo resultado. Diante disso, o interesse da pesquisa voltou-se para os resultados da previsão de facilidade na compreensão dos documentos.

2.3.1 Em Sentenças

O primeiro grupo de gráficos (4 a 7) foi obtido analisando documentos no sítio do TJDFT. Neles, ao menos uma das partes envolvidas no processo judicial eram bancos públicos, concessionárias de telefonia, bancos privados e companhias aéreas. O primeiro aspecto observado foi que, do total de decisões, 67% apresentam nível de inteligibilidade variando entre 0 e 30. Na prática, são julgamentos muito difíceis de serem compreendidos (ver tabela 1).

Gráfico 4

BANCO REGIONAL DE BRASÍLIA, BANCO DO BRASIL E CAIXA ECONÔMICA FEDERAL

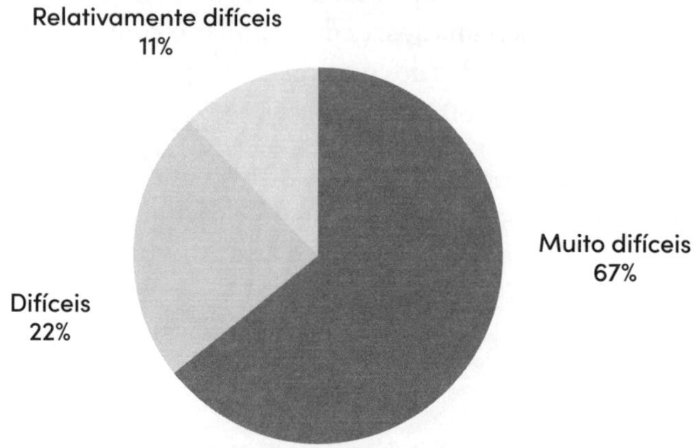

67% das decisões apresentam nível de inteligibilidade variando entre 0 e 30.
Na prática, são julgamentos muito difíceis de serem compreendidos.

Gráfico 5

TIM, CLARO, AMERICEL, ENTRE OUTRAS

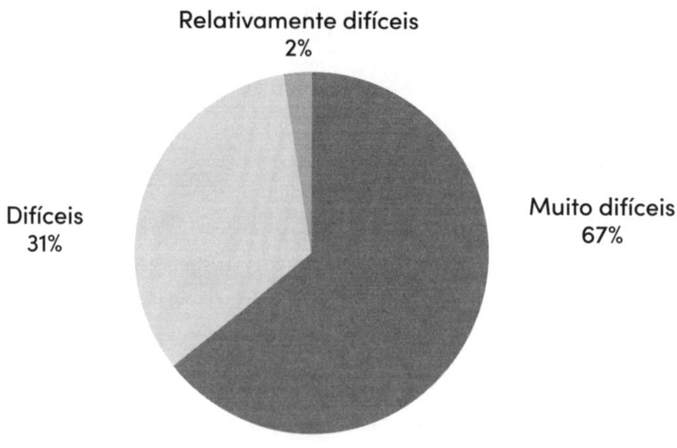

Este resultado significou que, de acordo com os parâmetros indicados para o FRE, um grupo composto por leitores com nível universitário completo teria condições de entender tais decisões. Por outro lado, caso estas sentenças fossem submetidas a um teste de compreensão junto a um grupo de leitores com nível de formação equivalente ao segundo grau, estes não seriam capazes de assimilar o conteúdo. Outro detalhe é que somente os grupos de julgados dos gráficos 4 e 5 apresentaram textos com inteligibilidade variando entre 50 e 60.

Em outras palavras, apenas 11% (gráfico 4) e 2% (gráfico 5) das sentenças avaliadas apresentaram um conteúdo escrito relativamente difícil. Leitores com nível médio de escolaridade seriam capazes de entender o assunto tratado no texto. É preciso enfatizar que uma fórmula de inteligibilidade fornece a pontuação de facilidade de um texto considerando um leitor médio. Indica que tipo de público o autor de um documento escrito pode considerar que consiga entendê-lo razoavelmente. Se usada adequadamente, a fórmula de inteligibilidade colabora para eliminar dúvidas quanto ao que se declara num documento e, assim, contribui para a sua melhor percepção (KLARE; BYRON, 1954).

> Uma fórmula de inteligibilidade fornece a pontuação de facilidade de entendimento de um texto, considerando um leitor médio.

Gráfico 6

ITAÚ, HSBC, BRADESCO, ENTRE OUTROS

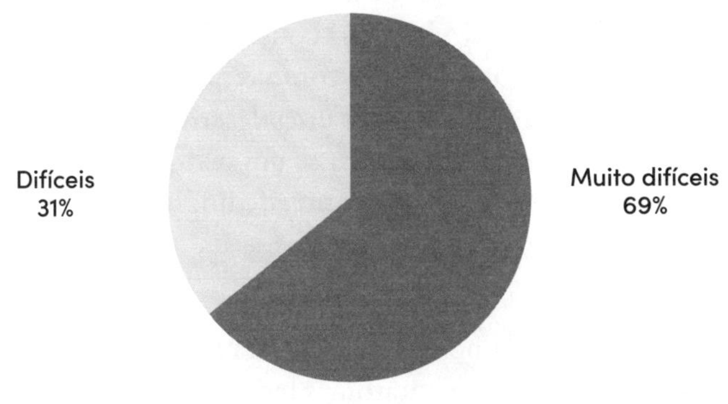

Gráfico 7

TAM, GOL, AZUL, ENTRE OUTRAS

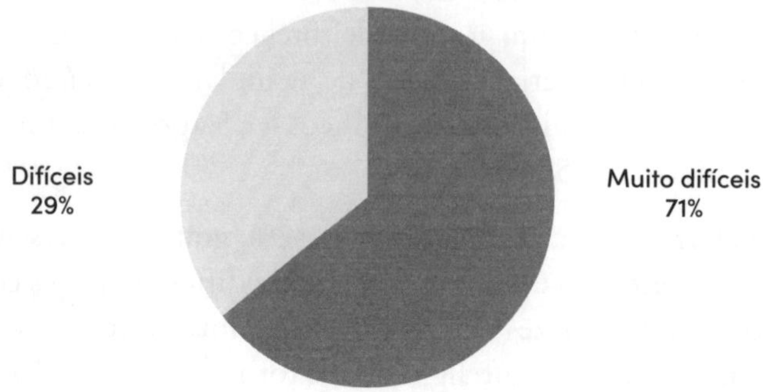

Os gráficos 6 e 7 mostram apenas índices de inteligibilidade inferiores a 50. São sentenças difíceis ou muito difíceis de serem compreendidas. No caso de ações que envolvem instituições financeiras privadas (gráfico 6), 69% do total de decisões seriam compreendidas apenas por pessoas com nível de escolaridade superior completo. Já, nos processos judiciais que envolvem companhias aéreas (gráfico 7) os índices atingem quase ¾ dos julgamentos. A leitura desses gráficos indica que a elaboração dessas decisões apresenta considerável grau de complexidade. Esta característica diz respeito ao vocabulário, à estrutura e ao tamanho das frases. Sugere que se trata de um modo de escrever tradicional do meio jurídico, com alguns traços marcantes deste padrão de escrita.

Dentre eles, a ocorrência de muito palavreado, falta de clareza e emprego de termos pomposos, os quais sobrecarregam o texto. Isso faz com que se torne uma forma de comunicação que confunde e frustra a maioria dos leitores comuns e até mesmo advogados (KIMBLE, 2006). A este tipo de redação, várias pesquisas (BENSON, 1987; COLLIER, 1992; WILLIAMS, 2011) denominam como *legalese*, traduzido aqui como "juridiquês", termo que adotei como tema deste livro. Para este vocábulo, em inglês, porém, nunca foi elaborada uma descrição sistemática, não havendo também um critério linguístico para avaliar se um texto está redigido neste formato (CHARROW, 1979). Trata-se de uma forma de linguagem e expressões técnicas, próprias do direito, utilizados na comunicação escrita.

Tais aspectos são observados com maior frequência num segundo grupo de gráficos, cujos dados foram obtidos no sítio do TRF1. Nestes diagramas, uma das partes é a União (gráfico 8) ou diferentes autarquias federais (gráfico 9).

Gráfico 8

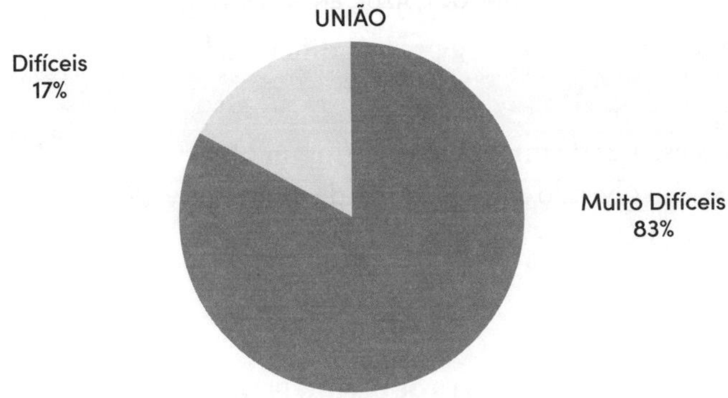

Gráfico 9

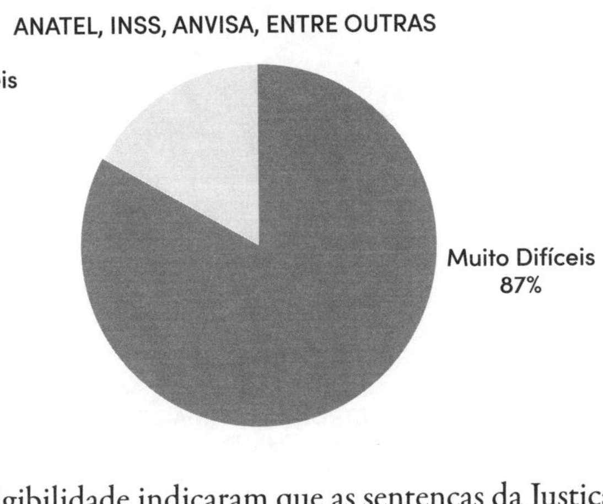

Os níveis de inteligibilidade indicaram que as sentenças da Justiça Federal apresentam alto grau de complexidade, sendo muito difíceis de serem compreendidas, em sua maioria. Do total avaliado, apenas grupos de leitores com formação superior completa teriam condições de compreender 83% das sentenças que envolvam a União (gráfico 8) e 87% dos pareceres relativos às decisões referentes às autarquias federais (gráfico 9).

No *site* do TRF1, tal característica mostrou-se visível, mesmo quando considerada a preocupação, por parte dos profissionais em informática, de elaborar documentos eletrônicos mais inteligíveis. Isto porque, há uma diferença marcante entre o desenho da informação, a arquitetura da informação e o desenho de documento. Este último concentra sua atividade principalmente na aparência e navegabilidade do texto. Diz respeito à rapidez com que os leitores podem acessar a informação que querem e precisam (CARLINER, 2002). No que se refere à justiça federal, constatou-se, por um lado, um esforço maior do usuário para acessar as decisões naquele ambiente virtual. Por outro, identificou-se a própria dificuldade daquele órgão na clareza dos seus textos.

Os menores escores de inteligibilidade foram observados nas decisões Justiça do Trabalho. Estas, envolvendo empregadores de direito privado (gráfico 10) e de direito público (gráfico 11).

Gráfico 10

EMPREGADORES DE DIREITO PRIVADO

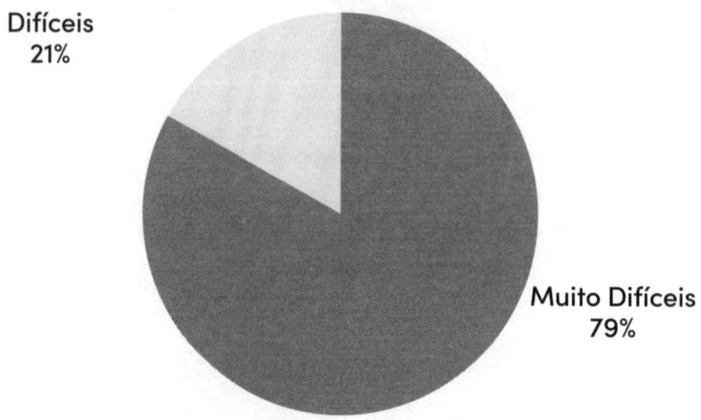

Gráfico 11

CEB, CONAB, ELETRONORTE, UNIÃO ENTRE OUTROS

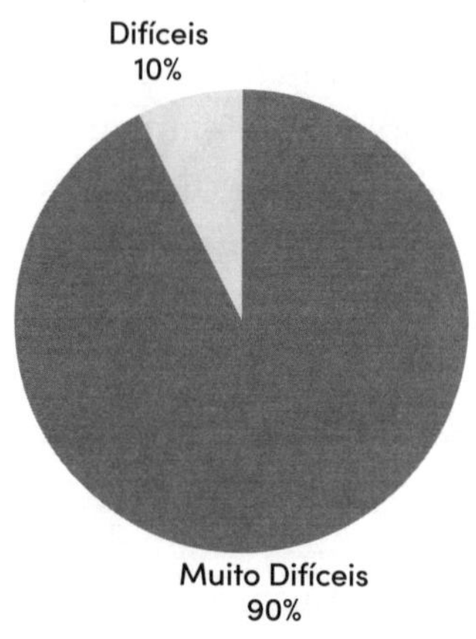

Das sentenças envolvendo empregadores do setor privado, 21% seriam compreensíveis por indivíduos com nível médio de escolaridade (gráfico 10). Aplicado o FRE àqueles casos, foram obtidos índices de inteligibilidade acima de 30,0, tornando tais decisões difíceis de serem entendidas pela média daquele grupo de leitores.

O percentual mudou significativamente nas decisões de processos em que constam, por exemplo, a Companhia Energética de Brasília (CEB) ou a Companhia Nacional de Abastecimento (CONAB) como partes. Do total avaliado, 90% das sentenças apresentaram um conteúdo compreensível apenas por pessoas com nível de escolaridade superior completo (gráfico 11).

2.3.2 Em Acórdãos

Os elementos estilísticos indicados no subitem anterior repetiram-se na avaliação da inteligibilidade de acórdãos, ou seja, as decisões judiciais proferidas por um Tribunal de 2ª instância no Brasil. Participam de tais julgamentos, como regra, três juízes, chamados Desembargadores. Contudo, duas características chamaram a atenção. Primeiramente, as sentenças de primeira instância apresentam uma linguagem e estrutura muito complicadas. Já os pareceres dos Tribunais, além de serem redigidos em linguagem complexa, são especialmente extensos.

Durante as investigações, foram vistos julgamentos com muitas páginas, alguns ultrapassando duas dezenas. Com isso, o leitor comum que já tem dificuldade de entender trechos curtos, se vê diante de uma quantidade excessiva de informação, de textos cujo vocabulário pouco ou quase nada conhece. O segundo aspecto observado mostrou também uma característica constante dos acórdãos: eles exibem muita complexidade em seu conteúdo. A maioria das decisões de segunda instância são compreensíveis somente por quem possui nível de escolaridade superior completo.

Os primeiros diagramas têm como partes, nas ações judiciais, diversas autarquias federais (gráfico 12). E a União (gráfico 13), na Justiça Federal.

Gráfico 12

INSS, ANATEL, ANAC, ANVISA, ENTRE OUTRAS

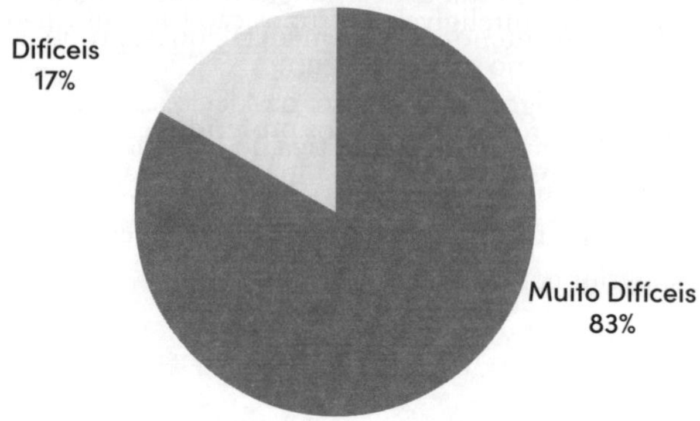

Gráfico 13

UNIÃO

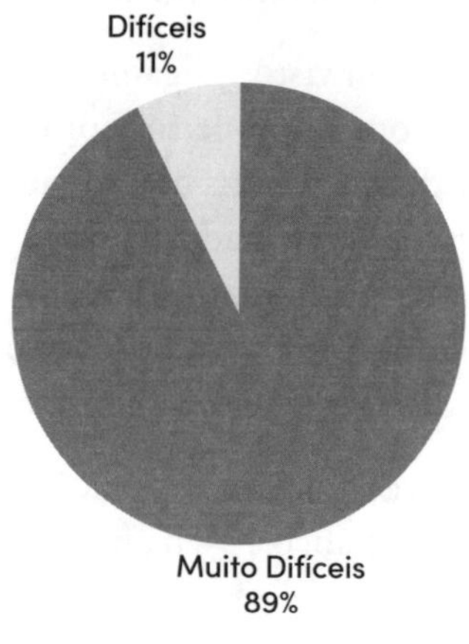

Aplicado o FRE, uma parcela de 17% dos acórdãos referentes, por exemplo, ao Instituto Nacional do Seguro Social (INSS) ou a Agência Nacional de Telecomunicações (ANAC), apresentou inteligibilidade variando entre 30 e 50 (gráfico 12) sendo, assim, difíceis de serem entendidos. O mesmo ocorreu com outros entes da administração, a exemplo da Agência Nacional de Aviação Civil (ANAC) e Agência Nacional de Vigilância Sanitária (ANVISA). Quase 90% dos julgamentos em que a União defende seus interesses revelaram um estilo de redação bastante intrincado (gráfico 13).

Observando os primeiros gráficos, levantei a hipótese de que os acórdãos seriam mais difíceis de compreender do que as sentenças. Suspeitei que a estrutura das frases e o vocabulário utilizado nas decisões proferidas pela segunda instância era ainda mais técnica e, portanto, menos inteligível. Tal suposição foi confirmada pelas avaliações das decisões posteriores, como se verá a seguir.

Os dados seguintes referem-se a acórdãos proferidos em diferentes ações judiciais em que são partes diversos empregadores do setor privado (gráfico 14) e público (gráfico 15), na Justiça do Trabalho.

Gráfico 14

EMPREGADORES DO SERVIÇO PRIVADO

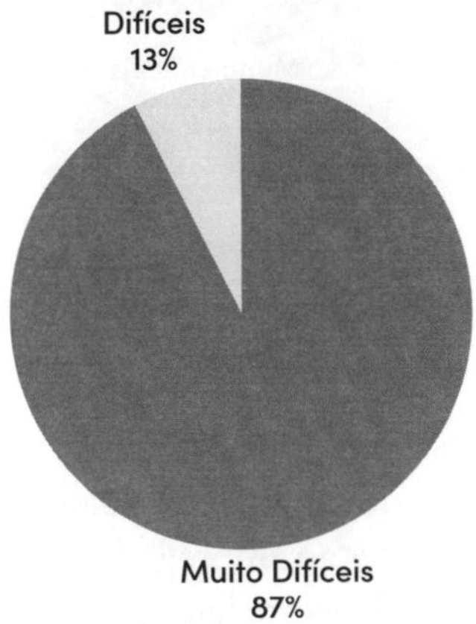

Gráfico 15

EMPREGADORES DO SETOR PÚBLICO
ELETRONORTE, CEB, CONAB, UNÃO, ENTRE OUTRAS

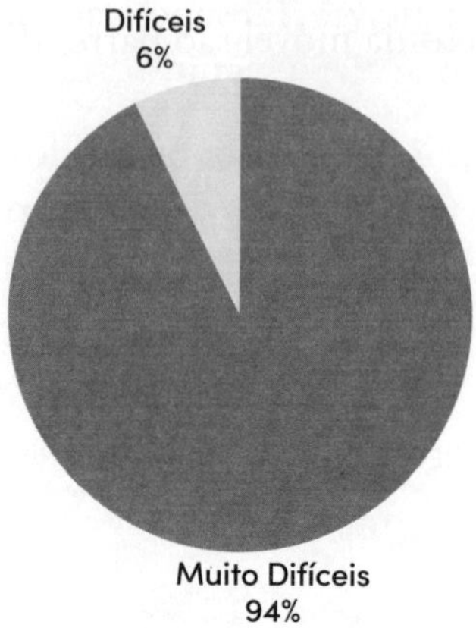

Manteve-se, nestes gráficos, com pouca variação, o que foi observado na Justiça Federal. Do total avaliado, 13% dos acórdãos trabalhistas referentes ao empregador privado (gráfico 14) e 6% referentes ao empregador público (gráfico 15) apresentou maior escore de inteligibilidade. Deve-se lembrar que tais índices dizem respeito à capacidade de compreensão *média* que um grupo específico de leitores possui.

Tal aspecto tem significado próprio. Nas demandas em que o empregador é o Estado (gráfico 15), incluídas empresas públicas como as Centrais Elétricas do Norte (Eletronorte), a Companhia Energética de Brasília (CEB) e a Companhia Nacional de Abastecimento (CONAB), 94% das decisões podem ser compreendidos por pessoas com graduação universitária completa.

O último conjunto de dados evidenciou o que acontece com frequência nas decisões da segunda instância. Apenas graduados do ensino superior teriam condições de entender a quase totalidade dos acórdãos elaborados pelo TJDFT. São parte das ações, objeto destes pareceres, as operadoras de telefonia móvel (gráfico 16), os bancos privados (gráfico 17), os bancos públicos (gráfico 18) e as companhias aéreas (gráfico 19).

Aplicado o FRE, o primeiro diagrama apresenta o total de decisões avaliadas envolvendo diferentes concessionárias de telecomunicação. Nele, leitores com segundo grau completo ou superior incompleto (gráfico 16) seriam capazes de entender apenas 6% das decisões judiciais estudadas, ao passo que somente pessoas que completaram a graduação superior teriam condições de entender as restantes, 94% dos processos em que as operadoras de telefonia móvel são partes da demanda encaminhada ao Poder Judiciário.

Gráfico 16

TIM, CLARO, AMERICEL, ENTRE OUTRAS

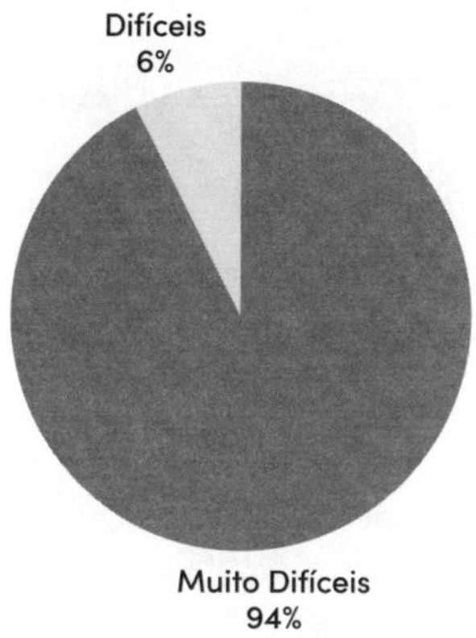

Nos demais conjuntos de dados, 100% dos julgamentos seriam inteligíveis apenas para as pessoas que completaram o ensino universitário. Considerados os parâmetros da fórmula *Flesch Reading Ease*, somente os leitores integrantes daquele grupo, *em média*, seriam capazes de compreender a estrutura e o vocabulário empregados nos acórdãos proferidos pelo TJDFT.

Gráfico 17

ITAÚ, HSBC, BRADESCO, ENTRE OUTROS

O percentual acima tem significado prático. No exercício indicado no início deste capítulo (subitem 1.1.1.), o indivíduo em questão possivelmente não entenderia sequer do que tratam os acórdãos aqui avaliados, caso tivesse nível médio de escolaridade. Apesar disso, formalmente possui a habilidade de leitura. Por outro lado, não se enquadraria necessariamente no conceito de analfabeto funcional (ver subitem 1.2.3.1). Isso equivale dizer que o fato de alguém conseguir ler e escrever não, necessariamente, habilita tal pessoa a compreender a informação contida numa decisão judicial.

O fato de alguém conseguir ler e escrever não, necessariamente, habilita tal pessoa a compreender a informação contida numa decisão judicial.

Gráfico 18

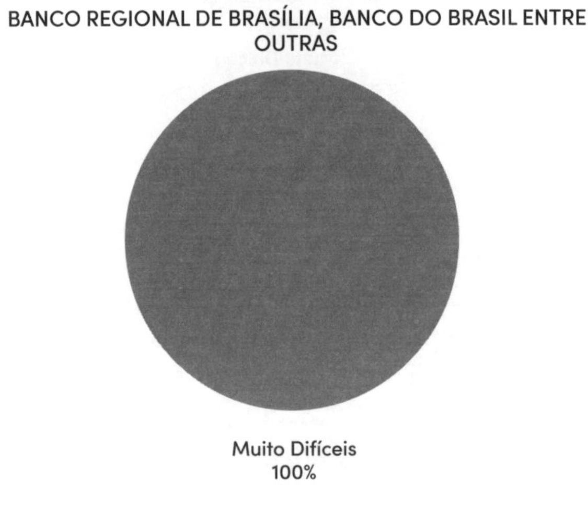

Gráfico 19

TAM, GOL, AZUL, ENTRE OUTRAS

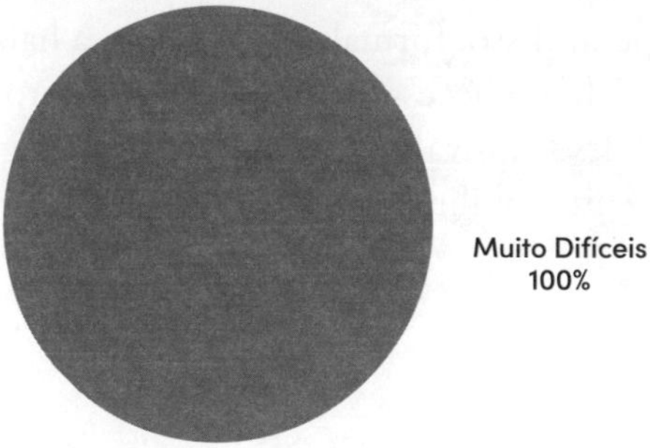

Os acórdãos avaliados são exemplos da forma tradicional como os Tribunais no Distrito Federal redigem seus textos. Como visto, estes documentos geralmente apresentam conteúdo de significativa complexidade, o que os torna, em regra, muito difíceis de serem compreendidos. Tal característica indica que não incorporaram os elementos linguísticos anteriormente mencionados e, desta forma, não contribuem para o entendimento das decisões avaliadas.

2.4. Cruzamento de dados

Ao cruzar os dados, relacionei as informações obtidas nos diferentes Tribunais, dispostas em gráficos que apresentam os percentuais de menor e maior facilidade na compreensão de sentenças e acórdãos. Em seguida, confrontei as taxas de escolaridade dos leitores, no Distrito Federal, com os índices de inteligibilidade.

2.4.1. As decisões do Poder Judiciário

Os próximos gráficos apresentam os menores e maiores índices de inteligibilidade das sentenças em que se aplicou o FRE. No primeiro, constam as sentenças com maior facilidade na compreensão. Significa que 31% dessas decisões, elaboradas pelo TJDFT, seriam entendidas por pessoas com escolaridade de nível médio. Tal porcentagem foi observada nas demandas em que companhias telefônicas ou bancos privados eram partes do processo (gráfico 20). Aquele percentual não diferiu sensivelmente, em se tratando de empresas de transporte aéreo (29%) e bancos públicos (22%).

Gráfico 20

PERCENTUAL DE SENTENÇAS COM MAIOR GRAU DE INTELIBILIDADE

Gráfico 21

PERCENTUAL DE SENTENÇAS COM MENOR GRAU DE INTELIBILIDADE

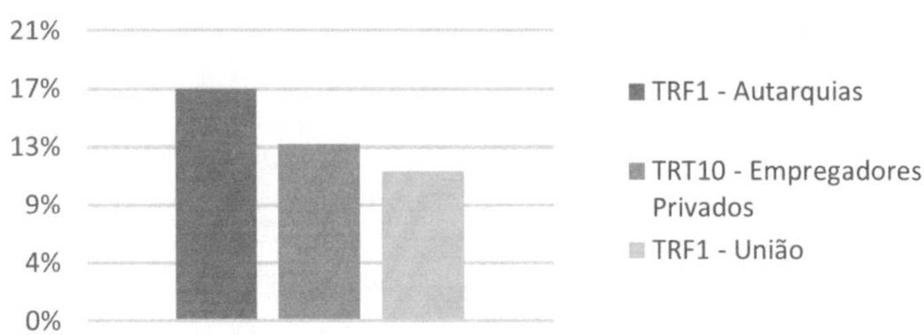

O gráfico 21 registra um índice com sentido oposto. Trata-se de ações em que constam empregadores públicos (a exemplo de Furnas Centrais Elétricas S.A. e a Companhia de Saneamento Ambiental do Distrito Federal – CAESB), a União ou autarquias como partes. Do total de decisões na Justiça do Trabalho, 90% não seriam entendidas por indivíduos com escolaridade média. Como indicado, a recorrente utilização de linguagem técnica na elaboração das sentenças é um dos fatores que contribuem para tal situação. No caso da Justiça Federal, as decisões são igualmente muito difíceis de serem compreendidas, e apresentam taxas de 87% e 83%, respectivamente, para a União e autarquias federais. Os diagramas seguintes referem-se à inteligibilidade dos acórdãos avaliados, sempre considerando os parâmetros já indicados.

Gráfico 22

PERCENTUAIS DE ACÓRDÃOS COM MAIOR GRAU DE INTELIGIBILIDADE

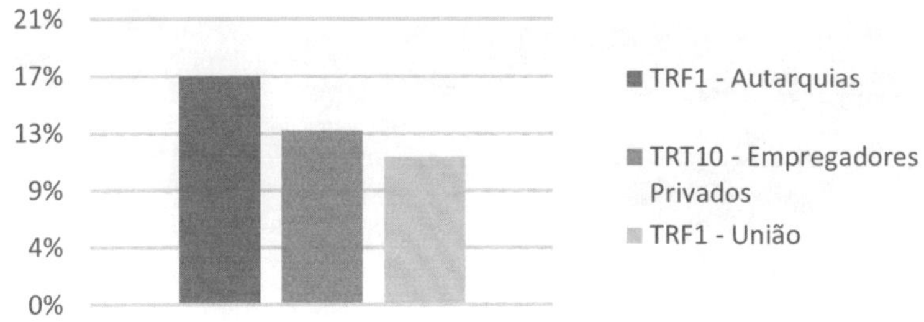

O gráfico 22 indica os percentuais de decisões com maior facilidade de compreensão. Para a elaboração deste diagrama, a pesquisa concentrou-se na análise de decisões referentes às autarquias federais. Os campos de atuação dessas entidades são tão variados que foi necessário restringir a investigação a três órgãos. Foram avaliados acórdãos relativos à Agência Nacional de Telecomunicações (ANATEL), à Agência Nacional de Vigilância Sanitária (ANVISA) e ao Instituto Nacional de Seguridade Social (INSS). Do total de ações judiciais em que figuram estas entidades, 17% são de difícil entendimento, considerando os níveis da primeira tabela[9]. Estes dados, porém, demonstram uma situação excepcional, se confrontados com o que se observou no gráfico seguinte.

Isto porque, 100% dos acórdãos redigidos por Desembargadores do TJDFT, elencados no gráfico 23, apresentam baixos níveis de inteligibilidade, ou seja, são muito difíceis de serem compreendidos. Significa, por exemplo, que uma pessoa com nível médio de escolaridade não teria condições de entender a decisão proferida pela segunda instância do Poder Judiciário local. Os percentuais relativos aos empregadores públicos (TRT10) e à União (TRF1) são, respectivamente, 94% e 89%.

9 Os percentuais relativos aos empregadores privados e à União são, respectivamente, 13% e 11%.

Gráfico 23

PERCENTUAIS DE ACÓRDÃOS COM MENOR GRAU DE INTELIGIBILIDADE

2.4.2. A escolaridade no Distrito Federal e as decisões judiciais

Este tópico apresenta os últimos gráficos e respectivas análises. Relacionam os dados obtidos, comparando o nível de escolaridade das pessoas residentes no Distrito Federal com os índices de inteligibilidade das decisões judiciais. Tem por objetivo demonstrar em que medida as sentenças e acórdãos analisados nas seções anteriores poderiam ser melhor compreendidos, se a leitura de tais documentos tivesse sido direcionada a um grupo específico de leitores. Nesta avaliação, foram utilizados os resultados obtidos com a aplicação do FRE, valendo-se dos critérios e procedimento previamente indicados.

Os dados referentes à escolaridade no Distrito Federal constam da página oficial do Instituto Nacional de Estudos e Pesquisas Educacionais – INEP. Trata-se de um órgão público criado pela Lei n. 378, de 13 de janeiro de 1937 e transformado em Autarquia Federal pela Lei n. 9.448, de 14 de março de 1997. Dentre outras finalidades, tem por objetivo organizar e manter o sistema de informações e estatísticas educacionais. O *site* oficial é www.inep.gov.br.

Foram selecionados, para esta pesquisa, leitores já graduados ou ainda cursando o ensino superior e desconsiderados os de nível médio e básico. Este tipo de pesquisa tem uma limitação legal. Isto porque, se por um lado a lei estabelece a regra de que menores de 18 anos podem ser parte em processos judiciais, desde que representados pelos pais (art. 71 do Código de Processo Civil – Lei n. 13.105, de 16 de março de 2015) por outro, são impedidos de praticar, validamente, determinados atos da vida civil, a pessoa com idade entre os 16 e os 18 anos (art. 3º do Código Civil – Lei n. 10.406, de 10 de janeiro de 2002).

Os gráficos a seguir expõem, na primeira coluna, o percentual de indivíduos com nível superior completo. Na segunda, apresentam o percentual de decisões mais inteligíveis e, na última, o percentual das decisões menos inteligíveis.

Gráfico 24

PERCENTUAIS DE LEITORES COM NÍVEL SUPERIOR DE ESCOLARIDADE E INTELIGIBILIDADE DE SENTENÇAS

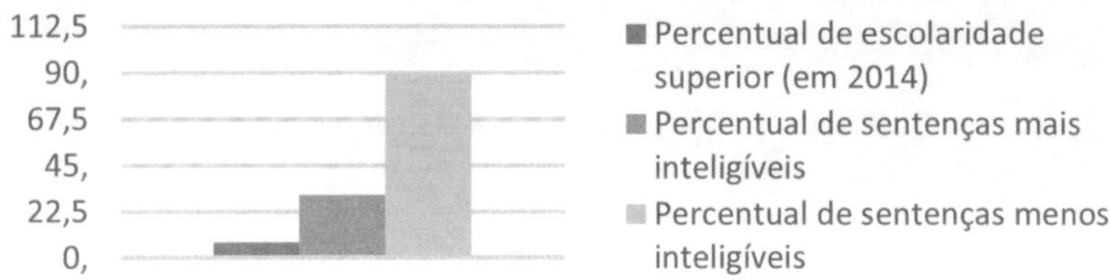

No gráfico 24, os dados oficiais indicam que 7,48% da população do Distrito Federal, em 2014, possuía graduação universitária completa ou em andamento. Do total de sentenças elaboradas pelo TJDFT, em que constem, como parte, companhias telefônicas ou bancos privados, 31% são mais inteligíveis, ou seja, seriam compreendidas por aquele grupo de leitores. Por outro lado, 90% das sentenças proferidas pelo TRT, nas quais entes públicos são partes interessadas, são muito difíceis de serem entendidas e, assim, somente indivíduos graduados teriam condições de interpretar o conteúdo de tais textos.

Gráfico 25

PERCENTUAIS DE ESCOLARIDADE SUPERIOR E INTELIGIBILIDADE DE ACÓRDÃOS

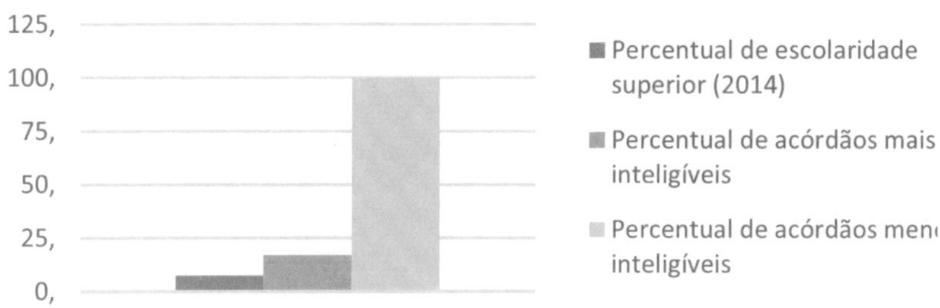

Os dados observados no diagrama, relativos às sentenças, mudaram significativamente quando o FRE foi aplicado em acórdãos (gráfico 25). Do total de decisões avaliadas, 17% são mais inteligíveis, ou seja, podem ser compreendidas por indivíduos com formação superior incompleta[10]. Porém, 100% das decisões do Tribunal

10 Referem-se a ações em que, por exemplo, a Agência Nacional de Telecomunicações (ANATEL) era uma das integrantes da demanda, no Tribunal Regional Federal.

de Justiça do Distrito Federal, em que instituições financeiras públicas e privadas ou empresas aéreas integram o processo, são muito difíceis de serem entendidas, sendo, portanto, menos inteligíveis. Ou seja, apenas pessoas graduadas conseguiriam ler e compreender tais decisões.

11

COMPREENSÃO DE ACÓRDÃOS POR ESTUDANTES UNIVERSITÁRIOS: UMA ANÁLISE EXPERIMENTAL[11]

Em seu livro *The Design of Experiments*, do ano de 1935, Ronald Fisher definiu a randomização como sendo uma determinada frequência de distribuição de ocorrências, baseada em métodos similares que possibilitam a manifestação de determinado fenômeno. A importância de tal concepção foi tamanha que, posteriormente, ela foi considerada como um elemento chave do que, em ciência, se denominam experimentos. Referiam-se estes, inicialmente, a estudos laboratoriais nos quais os pesquisadores mantêm o controle sobre a atribuição das condições aleatórias, o tratamento e a medição de fenômenos.

Nessas investigações, o experimentador se esforça para garantir que uma situação em fase de teste não se altere, de modo algum, mas, que apenas as variáveis intencionais independentes, aplicadas no ensaio, possam sofrer alterações, assegurando a validade interna e permitindo, se for o caso, obter relações causais (MCDERMOTT, 2002). Na década de 1950 apareceram os primeiros estudos sobre grupos, inicialmente na psicoterapia estadunidense, os quais posteriormente ganharam popularidade. Em tais pesquisas, ainda não havia uma distinção nítida entre o grupo experimental e o de controle, o que foi ocorrer somente nos anos que se seguiram (THOMPSON, 2006).

Talvez, isso tenha acontecido porque, naquela época, ainda não havia uma definição muita clara, ao menos do ponto de vista epistemológico, sobre a validade, a aplicação e a análise dos experimentos, como forma de pesquisa, entendida esta como

11 Os dados constantes neste capítulo referem-se à aplicação de um experimento, cujo projeto foi aprovado pelo Comitê de Ética e Pesquisa (CEP) da Universidade Católica de Brasília, em junho do ano de 2018, sob o nº de registro CAAE 90640318.7.0000.0029, o qual pode ser consultado no sítio eletrônico da Plataforma Brasil (http://plataformabrasil.saude.gov.br). A aplicação do experimento foi realizada em uma Instituição de Ensino Superior (IES) do Distrito Federal, no mês de agosto de 2018. Os resultados são demonstrados ao longo do texto.

um procedimento sistemático que tem por objetivo fornecer respostas aos diferentes problemas enfrentados pelo ser humano. Um estudo de cunho investigativo é constituído por várias fases, que vão desde a elaboração de uma pergunta fundamental até apresentação dos resultados (GERHARDT; SILVEIRA, 2009).

Anos mais tarde, outros elementos e conceitos se somaram à prática dos experimentos, contribuindo para embasar a produção do conhecimento científico, a exemplo da validade interna e da validade externa do desenho experimental (CAMPBELL, 1963). A primeira, trata das informações básicas sem as quais qualquer experimento não é interpretável e segunda norteia a pergunta da generalização: para quais populações, configurações e variáveis o efeito observado no experimento pode ser generalizado?

Estas noções iniciais sobre o fenômeno da interpretação textual são os indicativos, não apenas da metodologia, mas igualmente da finalidade deste capítulo, cujo conteúdo se propõe a responder a seguinte questão: as decisões judiciais são empiricamente compreendidas pelo público ao qual se destina? O foco das análises desta parte da obra é identificar em que medida o conteúdo e a linguagem dos textos produzidos pelo Poder Judiciário, do ponto de vista prático, são compreendidos por quem os lê, o que será feito mediante uma atividade experimental, a ser indicada no momento oportuno.

Não se trata, apenas, de constatar o grau de dificuldade em entender, por meio da leitura, os termos técnicos ou o jargão utilizado no direito, observados nos julgamentos de inúmeros processos judiciais, mas, principalmente, apresentar os resultados obtidos na aplicação de um experimento que mediu a capacidade de compreensão dos participantes desta pesquisa, quanto à estrutura linguística, incluindo a sintaxe e a semântica, usada por juízes para redigir os acórdãos. Dito de outra forma, esta parte do estudo não visa apenas identificar o obstáculo que o leitor leigo tem de compreender o "juridiquês", este vocabulário jurídico composto de palavras que não fazem parte da linguagem comum. Objetiva, principalmente, demonstrar empiricamente se as decisões judiciais, em sua íntegra, são entendidas, tomando como parâmetro o que se observou a partir da análise de uma experiência realizada em ambiente acadêmico, com um grupo de estudantes universitários.

A pergunta: as decisões judiciais são empiricamente compreendidas pelo público ao qual se destina? apresenta um desafio inicial. Isto porque, dependendo do ambiente ou do tipo de conflitos ocorridos no convívio social, a solução tradicional, ou seja, por meio de uma demanda judicializada, pode não ser a mais adequada. Questões de natureza processual parecem ser um obstáculo pois, se por um lado, o processo é um dos instrumentos de acesso à justiça, por outro, em razão da linguagem técnica dos seus documentos, da formalidade excessiva e dos mecanismos processuais incompreensíveis, sobretudo para o público leigo, ironicamente se apresenta como um empecilho para viabilizar aquele direito (FERRAZ, 2017). Assim, no contexto do processo judicial como meio de solução de interesses antagônicos, esta investigação visa contribuir cientificamente para identificar as principais dificuldades, por parte de um público-alvo, na compreensão das decisões produzidas pelo Poder Judiciário.

Dois outros aspectos foram constatados durante a elaboração deste trabalho: um, de natureza metodológica, e outro, de natureza política. Quanto ao primeiro e, de um modo geral, cabe ressaltar que os tipos de pesquisa predominantes, os mais usuais no campo do Direito são os doutrinários e filosóficos, havendo também outros, como os comparativos, sobre políticas públicas, os institucionais e os críticos (CUNHA, 2013).

Porém, quando o assunto é pesquisa experimental jurídica, no Brasil não existe uma tradição neste sentido, o que, em parte, é explicado pela postura da maior parte dos profissionais desta área, para os quais o Direito é reconhecido como um conjunto normativo ideal, sendo muito comum se empregar, durante as aulas nas faculdades e no julgamento de processos, o termo *hipótese legal*. Observa-se que o discurso usado pelos operadores do direito tem sua raíz nas doutrinas, nos dogmas. Isso evidencia que o entendimento comum entre aqueles que trabalham judicial e academicamente com os termos legais não se baseia no do conhecimento científico. Ao contrário. Com estas percepções, constata-se que a opção é pela corrente dogmática.

De um modo geral, o padrão da ciência jurídica deriva da interpretação das leis e esse trabalho hermenêutico é feito pelos próprios juristas. Isso é um equívoco, visto que o mundo jurídico é prático, pois ele existe para administrar os conflitos entre as pessoas que necessitam que seus problemas cotidianos sejam resolvidos por meio dos Tribunais (BAPTISTA, 2008). Não causa espanto que a ideia predominante nas decisões dos processos judiciais é a de que a pesquisa empírica não é totalmente confiável, haja vista que o trabalho de investigação científica não é a reprodução do pensamento de alguém considerado importante pelo (e para o) direito, não é reconhecido como jurídico. Esta afirmação se relaciona com a atribuição de sentido dada pelos membros de um grupo à pratica da atividade comunicativa.

É importante lembrar, por um lado, que a vida em sociedade é possível porque os seus membros dispõem de um conjunto de significados que lhes possibilitam conferir um sentido coerente à sua própria realidade e também ao ambiente que os cerca. Esse conjunto de sentidos constitui o senso comum da comunidade e sustenta toda a comunicação e as atividades organizadas para o contexto em que deles são usados. Dentre estas, o manejo de disputas entre os integrantes do grupo, o qual tem nos processos judiciais um de seus exemplos. Por outro lado, se não houver um modo de conter os conflitos no meio social, talvez não se possa falar em sobrevivência, a longo prazo, da coletividade.

Neste contexto, o principal depósito de significados do senso grupal é a linguagem comum, sendo fundamental se referir a esta última ao abordar a questão da resolução de disputas no sistema legal (DRABARZ, 2017). A linguagem pode constituir uma das barreiras de acesso à justiça, afetando diretamente a implementação do chamado Estado de direito como um princípio constitucional. O texto da Constituição, por sua vez, apresenta outras diretrizes, como a do acesso à justiça, que engloba mais do que um acesso formal ao sistema jurídico.

Na legislação brasileira, o Estado de direito e o acesso à justiça estão, respectivamente, previstos no art. 1º e no inc. XXXV, art. 5º, da Constituição Federal de 1988. Num (ainda) prestigiado texto, constante numa obra literária de teor jurídico, são apontados os principais obstáculos de efetividade do acesso à justiça: o alto valor da resolução formal dos litígios, as desvantagens estratégicas existentes entre as partes na disputa judicial e a ausência de motivadores para se propor ações na defesa de direitos difusos (CAPPELLETTI; GARTH, 1988). Em tal livro não foi incluída a linguagem como um elemento impeditivo da eficiência processual.

Em minha investigação, optei por uma pesquisa que levasse à compreensão do direito de um ponto de vista empírico. Nesta forma de observação e avaliação da realidade, o estudioso normalmente tem um ou mais objetivos específicos em mente, como coletar dados ou fazer inferências. Independentemente de qual for o seu propósito particular, o pesquisador seguirá algumas regras gerais para alcançá-lo com algum grau de confiança (ESPTEIN, 2013).

É grande a contribuição dos métodos empíricos, na elaboração de pesquisas, por vários motivos. Por ora, basta indicar que ao realizar um experimento de campo com uso da atribuição aleatória (random assignment, no original em inglês, também denominada randomização) a um ensaio, aumenta-se a confiança em obter conclusões sobre a causalidade de um fenômeno. Isso permite concluir que os efeitos observados são devidos à manipulação feita pelo pesquisador e não a alguma característica não observada dos indivíduos (HORNE, 2010). Esta inferência ocorre porque as características individuais são distribuídas, aleatoriamente, entre as condições experimentais, e o estudioso pode ter certeza de que os participantes foram expostos ao tratamento pretendido.

Outro aspecto percebido ao longo deste trabalho diz respeito às atribuições do direito público contemporâneo. Dentre elas, a de incrementar a aceleração de uma política de aprendizagem em que a democracia aprimora uma razão coletiva, com o objetivo de avaliar as consequências políticas do ensino. Isto se daria mediante a criação de uma política de atualização democrática com base em fatos e, não apenas, ideias ou abstrações, o que concretizaria o ideal iluminista de uma política da razão baseada em eventos reais, tradição mais empírica, predominante em países da Grã-Bretanha.

Com isso, quero dizer que uma razão pública baseada em fatos e focada nos resultados políticos só poderia ser aprimorada se as leis facilitassem esse processo, o que seria viabilizado se o Poder com a competência para elaborar as regras incluísse em seus pressupostos normas para inserção dos experimentos dentro da própria atividade legislativa, possibilitando que as propostas legais contivessem as bases de sua autopromoção (MCGINNIS, 2011). Alegações desta natureza talvez contribuíssem diretamente para o incremento da elaboração de novos preceitos legais, bem como para uma gradual e efetiva mudança na percepção de graduandos e futuros profissionais do direito quanto à importância da pesquisa empírica para a produção do conhecimento e transformação da realidade de um país.

Na abordagem feita neste estudo, foram utilizadas, também, as investigações realizadas pela Psicologia Cognitiva em diversos países, sobre a avaliação de leitura. Isto porque, o conhecimento bem organizado e assimilado é fundamental como elemento norteador das decisões da vida em sociedade. É o conhecimento que capacita o indivíduo a produzir algo e dele fazer uso. O ato de compreender algo ou alguma coisa, segundo a Psicologia Cognitiva, resulta de interações visuais e espaciais, cognitivas, emocionais e psicomotoras que levam à internalização e à aplicação do saber adquirido de forma eficaz. E a técnica mais comum e assertiva para a obtenção de conhecimento é a compreensão da leitura (YOGURTÇU, 2013).

As investigações relativas à avaliação de leitura buscam relacionar, por exemplo, a compreensão acerca do conteúdo lido e o rendimento acadêmico. Neste sentido, a leitura compreensiva deve abranger, também, a leitura crítica, ou seja, a capacidade do estudante universitário de distinguir se a informação contida no texto está baseada em fatos ou somente na opinião do autor, mantendo assim o nível de adequação ao contexto da compreensão de um material escrito (SILVA; SANTOS, 2004).

A partir do que foi exposto aqui e consultando resultados de outras pesquisas, é possível perceber que ler um texto significa fundamentalmente compreender o que foi lido, numa visão mais ampla. É, portanto, muito mais do que apenas decifrar signos linguísticos, juntar as palavras e as sentenças (OLIVEIRA; SANTOS, 2005).

Quem lê não, apenas, decodifica determinada linguagem. O ato de ler requer, também, a capacidade de contextualizar e atribuir um significado ao que foi lido.

Obtido tal resultado, considera-se que o leitor tem fluência ou proficiência naquela habilidade, a qual também inclui velocidade, criatividade, criticidade e motivação para a sua realização. A atribuição de sentido ao material lido é o foco principal do exame realizado neste capítulo. Por meio do experimento descrito adiante, será possível definir se as decisões judiciais que foram objeto de leitura por seus participantes tiveram, para estes, significado, ou seja, se foram compreendidas.

Quem lê não, apenas, decodifica determinada linguagem. O ato de ler requer, também, a capacidade de contextualizar e atribuir um significado ao que foi lido. A capacidade de leitura significa entender o que foi escrito por alguém ao transmitir suas ideias. Estes aspectos se relacionam com os propósitos desta pesquisa. Partindo de decisões judiciais, previamente avaliadas quanto ao nível de sua compreensão, foram aplicados testes de avaliação de leitura e obtidos dados, com base nas respostas dos participantes, com a finalidade de concluir se o conteúdo dos documentos submetidos à leitura foram assimilados.

Em termos práticos, além de ser a base conceitual para confirmar (ou não) as hipóteses indicadas a seguir, todas as informações levantadas e descritas acima poderão contribuir para futuras investigações relativas a aspectos mais amplos da participação do campo jurídico na construção democrática, dentre eles, a permanente edificação e concretização do Estado de direito.

Na teoria moderna, tal atividade exige o cumprimento de alguns critérios (ACCETTO, 2013):

a. Que os atos do poder público, em particular as decisões judiciais, sejam compreensíveis, isto é, entendidas por seus destinatários e que estes sejam capazes de cumprir os mandamentos da lei;
b. Que as regras de comportamento, de fato, cumpram o seu objetivo e sejam reflexo das relações sociais;
c. Que se possa confiar no sistema legal vigente;
d. Que todos sejam abrangidos pela conduta legalmente prevista; e
e. Que os Tribunais pratiquem uma justiça eficaz e adequada.

3. Os Experimentos (de Campo) e a Produção Científica

3.1. Os experimentos científicos

O conhecimento científico surgiu a partir da conjugação de duas atividades: determinação de um objeto específico de investigação e explicitação de um método para realizar essa exploração. Caracteriza-se como ciência, um conhecimento que seja objetivo, racional, sistemático, geral, verificável e falível (GERHARDT, 2009). Diferencia-se do conhecimento mítico, ou seja, inspirado pelos deuses e sem a preocupação de provar o próprio conhecimento. O método investigativo nada mais é do que a maneira como o estudioso procede para chegar às suas conclusões.

De um modo geral, na ciência, há dois métodos de coleta de informação, que podem ser agrupados em duas categorias:

a. MÉTODOS POSITIVISTAS: como os experimentos de laboratório e os levantamentos direcionados para testar as hipóteses formuladas pelo pesquisador e que empregam uma abordagem dedutiva à pesquisa;
b. MÉTODOS INTERPRETATIVOS: fazem uma aproximação indutiva do objeto de estudo, começando pela coleta de dados, na tentativa de criar uma teoria sobre o tema de interesse do estudioso, a partir das informações observadas.

Neste segundo conjunto de métodos inserem-se os estudos experimentais. Estas investigações têm a pretensão de testar relações entre as causas e os efeitos, nas hipóteses formuladas pelo pesquisador, em um ambiente de rígido controle, separando, no tempo, a causa do efeito. Isto é feito aplicando a causa que se pretende analisar a um grupo determinado de indivíduos (humanos ou não), o qual se denomina grupo de tratamento, mas não a outro grupo, denominado grupo de controle. Após o experimento, observa-se como os efeitos médios variam entre os sujeitos nesses dois grupos (BHATTACHERJEE, 2012).

A pesquisa experimental parte da análise de um fenômeno específico, sobre o qual se formulam algumas hipóteses, utilizando métodos explícitos para verificá-las, submetendo o fato à experimentação, sob o controle do pesquisador, com especial atenção à validade interna das suposições, previamente formuladas, a fim de extrair conclusões, fazer generalizações e elaborar explicações sobre o que foi concluído (CHIZZOTTI, 1991).

Os experimentos são usados nos mais diversos campos do conhecimento e respectivas especialidades. Não se restringem às ciências naturais e biológicas, mas abrangem, também, as ciências humanas e sociais, a exemplo da Ciência Política. Alguns autores indicam determinadas regras para a sua realização, dentre elas: a repetição insistente do experimento, a busca da representatividade nas parcelas da população estudada, a randomização e o respeito tanto à validade interna quanto à externa do experimento (MCDERMOTT, 2013).

Existem algumas discussões de natureza epistemológica sobre a utilização dos experimentos como meios de coleta de dados para elaboração do conhecimento científico, havendo o entendimento de que é necessário separar a ciência da metafísica para se pensar numa reflexão de caráter não essencialista. Neste sentido, não caberia compreender a prática material científica a partir de mera especulação ou exame contextual, mas como uma atividade concreta, atual, de cunho investigativo, compreendendo as virtudes teóricas da ciência em uma base empírica (ORTIZ, 2008).

No campo da filosofia da ciência, um fator importante é a aplicação de uma metodologia lógica, tipicamente estabelecida nos experimentos, para definir o julgamento científico. É por este parâmetro que se estipula os processos pelos quais as hipóteses e teorias são testadas e os critérios usados para avaliá-las (WALSTAD, 2002). Mediante estas premissas, é possível responder a algumas perguntas, a saber: quanta confiança é possível depositar numa inferência científica? O que constitui uma explicação científica válida?

O uso de métodos experimentais apresenta alguns desafios, em particular, quanto aos testes de campo, sobre os quais se falará, com mais profundidade, adiante. O primeiro deles é no que se refere a identificar um resultado adequado que justifique o empenho em sua realização. Esse procedimento exige uma medida de resposta que seja válida quanto à sua precisão, confiável no sentido de que, ao repetir o experimento em circunstâncias inalteradas, ocorrerá o mesmo resultado, e sensível quanto aos efeitos importantes da intervenção do pesquisador (COTTERILL; RICHARDSON, 2010). O segundo obstáculo está em compreender completamente como uma interferência do estudioso está ou não colaborando para a dinâmica do experimento.

Os mais diversos resultados podem ser obtidos a partir de uma pesquisa experimental, a depender do interesse e necessidade de quem conduz a investigação. Um interessante exemplo, inclusive para os propósitos deste trabalho, são os chamados experimentos de escolha declarada (stated choice experiments, no original em inglês), amplamente usados para gerar dados capazes de modelar escolhas e obter estimativas de parâmetros que descrevam as preferências de indivíduos para atributos específicos de alternativas, dentro de uma configuração de escolha pré-definida. A isso se denomina, genericamente, de processos heurísticos ou, simplesmente, heurística.

Há um crescente interesse em investigar o papel, no processo heurístico, que as peculiaridades específicas assumem no que se refere a condicionar a influência de cada particularidade associada a (escolha de) uma alternativa. O que se procura, com o uso da heurística, são evidências que sejam consistentes, dentro do que se espera dos respondentes de um experimento para, a partir destas, tomar decisões. Tais indícios são importantes em função da, ainda escassa, mas progressiva e acumulativa comprovação empírica, de que as estratégias alternativas de processamento de atributos influenciam os resultados comportamentais (HENSHER, 2011).

Os experimentos também permitem a interseção entre diferentes campos do conhecimento científico, a fim de estudar o mencionado processo decisório. Da convergência entre a investigação filosófica sobre a natureza da mente humana, os seus aspectos anatomofuncionais e a Psicologia Cognitiva, surgiu a Neurociência, a qual tem por premissa que a mente é formada por um conjunto de processos, executados pelo cérebro, que constroem a percepção que o indivíduo tem do mundo externo, fazendo com que ele tenha a capacidade fixar a atenção em algo e controlar as suas ações.

Mediante experiências realizadas na década de 1970, foram identificados certos atalhos mentais (heurística) que, enquanto permitidos para uma rápida ação, podem resultar em julgamentos satisfatórios. O ato de decidir, por exemplo, é influenciado pela maneira com que as escolhas são descritas ou enquadradas na mente de quem faz o julgamento. Nesse enquadramento, são levadas em consideração as perdas, em detrimento dos ganhos equivalentes (KANDEL, 2013).

Além do aspecto cognitivo, outro campo que tem apresentado grandes avanços por meio dos experimentos é o da Psicologia Comportamental, em especial o paradigma menos conhecido, o de B. F. Skinner, acerca da proposta teórica da evolução social humana. Em suas atividades experimentais, Skinner propôs que existe uma relação de causalidade entre a frequência relativa de um determinado modelo de comportamento manifestado no contexto individual ou de um grupo de pessoas e as decorrências de tal prática para o indivíduo ou para a coletividade (BAUM, 2006).

Neste contexto, podem ser levantados alguns questionamentos sobre como os componentes de um grupo humano, entre outros aspectos, mantêm as suas relações e quais benefícios delas obtêm. Por exemplo: por que, simplesmente, um litigante não entra na sala de um juiz e lhe exige, mediante constrangimento físico, que elabore imediatamente a sentença para o processo em que é uma das partes interessadas? Por que uma pessoa que teve o seu automóvel danificado ao colidir com um caminhão não toma imediatamente a carteira do condutor desse segundo veículo e retire o dinheiro necessário para os e reparos, para cobrir os seus prejuízos?

Nas relações causais de punição e reforço, preservadas pelos conjuntos humanos, a fim de controlar seus integrantes, é que se concentram as respostas a tais perguntas. Na nomenclatura do modelo skinneriano, isso se denomina prática cultural. As práticas culturais não existem aleatoriamente. Os componentes de um grupo humano selecionam os atos do seu cotidiano. As ações que possibilitam melhor adaptação às relações de causa e efeito, relativas à reprodução e sobrevivência grupal, tendem a prevalecer sobre práticas alternativas com menor probabilidade de adequação (AGUIAR, 2015) e, no contexto dessa seleção, insere-se a linguagem.

Isto porque, no estudo científico da linguagem humana, os textos escritos, a exemplo de uma sentença judicial, desempenham um papel relevante como variável causal do comportamento verbal. Percebe-se que esta atitude só é manifestada por pessoas que, em circunstâncias anteriores e quando expostas a textos com sinais gráficos semelhantes, tiveram aquela conduta reforçada (AGUIAR, 2017).

As inferências acima relacionam-se à pesquisa realizada para a elaboração deste livro. Foi necessário fazer uma investigação profunda, visto que o objetivo é encontrar indicativos empíricos que confirmem se, por exemplo, existe alguma relação entre o desempenho do leitor na compreensão de uma decisão judicial e a sua experiência profissional prévia. Ou seja: ao ler uma decisão do Poder Judiciário, o comportamento de um indivíduo, relativo à compreensão textual, é influenciado por suas práticas culturais (e pessoais) anteriores? Estas e outras conexões podem ser compreendidas, de maneira mais eficiente, mediante a análise de dados associada à reflexão teórica, o que será feito nas páginas seguintes.

Outra ciência que muito contribui para entender os fenômenos por meio dos experimentos é a Economia, a qual também se interessa diretamente pelos métodos de escolha e comportamento humanos. Por muito tempo, os economistas escolheram outra forma de abordagem científica, que não a experimental, para fazerem suas pesquisas. Seus procedimentos estavam mais próximos à Matemática, e os principais estudos se concentraram, por décadas, na formulação de teorias normativas baseadas no comportamento do homo economicus, um indivíduo lógica e racionalmente perfeito e sem emoções (OBERGRUBER; HRUBCOVA, 2015).

Embora os testes laboratoriais tenham dominado, por muito tempo, o panorama experimental econômico, nos últimos vinte anos houve um significativo aumento de estudos, nesta área do conhecimento, baseados na experimentação de campo. Esta modalidade de pesquisa ocupa um importante papel, servindo como intermediária entre os experimentos realizados em laboratório e as informações de campo que se formam naturalmente (LIST; METCALFE, 2008).

Um aspecto de considerável relevância na avaliação dos dados obtidos em experimentos, na pesquisa econômica, é a presença de vieses, ou seja, de padrões de comportamento capazes de formar desvios, levando o entendimento para o campo racional humano. Diferentes estudos tentam explicar os fatores que influenciam as pessoas no processo decisório, e uma das dimensões cognitivas mais importantes que intervêm nas escolhas é o excesso de confiança (TABAK; SANTOS; FERNANDES; MATSUMOTO; CHAGAS, 2010). Além deste, vários outros fatores induzem ao excesso de confiança, dentre eles o gênero.[12]

O campo de utilização de experimentos em Economia é tão amplo que resultados destes estudos alcançam o Direito, podendo ser diretamente relacionados à finalidade desta pesquisa, particularmente no que se refere a tomada de decisão e à linguagem, à compreensão de textos escritos. A partir de estudos da área econômica, podem ser levantadas algumas hipóteses norteadoras da presente análise. Uma delas é a de que as pessoas são mais sociáveis nas dinâmicas de interação quando uma linguagem familiar é utilizada, pois a ideia é a de que em tais situações os indivíduos precisam formar opinião sobre os comportamentos dos outros e que suas expectativas são afetadas pela linguagem utilizada (LI, 2014), em razão da identidade de grupo existente.

Esta conclusão deriva de análises prévias, nas quais se constatou que os experimentos são importantes para testar algumas propostas tradicionalmente usadas nas ciências sociais. Parte-se da afirmação de que cada categoria social (a exemplo de uma determinada religião) que constitui parte de uma identidade individual está associada a um conjunto de normas por meio das quais os partícipes de tal grupo devem se comportar.

Tais regras influenciam o comportamento humano porque afetam as preferências particulares, visto que uma pessoa deixa de ser essencial caso se desvie das normas de sua categoria, não se conformando às regras estabelecidas para o grupo. Seria, porém, muito difícil testar dados não experimentais se a identidade desempenhasse um papel causal na tomada de decisão econômica (BENJAMIN; CHOI; STRICKLAND, 2010).

Quanto a esta última, existe ampla evidência experimental em pesquisas, especialmente na modalidade declarada, sugerindo que os entrevistados nem sempre fazem as escolhas com coerência, que é o esperado pelos pesquisadores. Em tais circunstâncias, é preciso investigar como os efeitos de aprendizagem afetam potencialmente a percepção de quem participa de testes, nos quais são aplicados processos experimentais (CARLSSON; HE; MARTINSSON, 2012). Ao comparar duas sequências idênticas de conjuntos de escolhas, num experimento, foram encontradas significativas

12 Exemplo explícito desta afirmação é o gráfico 46, adiante analisado, o qual se refere o leitor.

diferenças na variação de erro e, também, nas preferências, em relação a um aspecto econômico específico, o atributo do preço de um produto.

Os experimentos podem ser utilizados também para testar se as preferências dos indivíduos mudam, quando há entre eles a intenção de se tornarem mais semelhantes uns aos outros. Esta investigação é feita para constatar se existe alguma evidência do chamado conformismo de preferência. Trata-se de uma característica social diagnosticada a partir da percepção de que as sociedades modernas, em particular nos Estados Unidos, foram marcadas pelo comportamento conformista dos indivíduos para com os seus pares (FATAS; HEAP; ARJONA, 2018).

Questões de natureza epistemológica também são formuladas para a elaboração dos experimentos econômicos, em particular quando se trata de testes de laboratório, nos quais o pesquisador possui grande controle sobre o fenômeno observado, além de conferir maior confiança na validade interna (CARLSSON; HE; MARTINSSON, 2012). Neste caso, uma pergunta de fundamental importância seria: o comportamento do sujeito no laboratório é condizente com a sua conduta fora deste ambiente, ou seja, em campo?

Um elemento chave dos experimentos, mencionado no início deste capítulo, é a randomização (random assignments, ou atribuições aleatórias, no original em inglês). Trata-se de um procedimento utilizado na prática experimental e refere-se à exposição de sujeitos a determinadas condições: o pesquisador faz a organização dos participantes de maneira aleatória para que nenhum fator fora do contexto do experimento varie consistentemente numa determinada população e, assim, influencie o resultado (MCDERMOTT, 2002). Desse modo, cada indivíduo tem a mesma probabilidade de ser inserido tanto em uma condição experimental quanto em outra. No caso desta pesquisa, a metodologia de randomização também será indicada.

Assim como as demais metodologias de estudo, a pesquisa experimental apresenta alguns riscos. Por um lado, grande parte da investigação não é teórica, apesar de usar teorias para elaborar as hipóteses de trabalho. Sendo assim, as suspeitas levantadas tendem a ser ad hoc, ou seja, apenas para o fenômeno observado, possivelmente sem sentido, ilógicas. Por outro lado, muitos dos instrumentos de medição utilizados em pesquisas experimentais não são testados quanto à sua confiabilidade e validade e, assim, os resultados não podem ser considerados válidos para efeitos de comparação com outros estudos (BHATTACHERJEE, 2012).

Porém, o método experimental apresenta um benefício explícito. Este tipo de investigação permite a atribuição de causalidade ao experimento. Ou seja, ao manipular determinada variável, submetendo-a a um grupo específico, e não a outro, na aplicação do mesmo teste, de uma maneira simples, pode-se concluir se uma causa gerou o efeito esperado, se pode ser relacionada com a hipótese formulada. Mas, a identificação da causalidade é apenas parte do processo que indica se, como e por que uma intervenção funciona (COTTERILL; RICHARDSON, 2010).

3.2. Os experimentos de campo

Os dados coletados nesta pesquisa foram obtidos mediante a aplicação de um experimento, com a participação de várias pessoas, as quais foram convidadas a responder algumas perguntas. O ambiente escolhido foi uma instituição de ensino superior, em dias letivos normais. Estes são alguns aspectos indicativos de um experimento de campo.

Há várias maneiras de definir este modo de investigação científica. Trata-se de um dos procedimentos técnicos usados na pesquisa empírica e diferencia-se dos experimentos de laboratório pelo fato de que os dados obtidos em campo ocorrem no ambiente natural do agente observado. Outra distinção é que as tarefas realizadas em um experimento de campo não são muito discrepantes daquelas que os participantes normalmente executam em seu dia a dia (LIST; METCALFE, 2008).

São estudos baseados na atribuição de uma tarefa aleatória, submetendo-a a um tratamento ou manipulação intencional por parte do pesquisador, estejam os participantes cientes ou não da ocorrência do experimento (CARD; DELLAVIGNA; MALMENDIER, 2011). Atribui-se a Peter Bohm (1935-2005) o pioneirismo nessa forma de pesquisa moderna. Foi ele quem, claramente, compreendeu as diferenças entre as duas modalidades de experimentos, contrapondo os realizados em laboratórios aos de campo (DUFWENBERG; HARRISON, 2008).

A caracterização de um experimento de campo é conferida pelas apurações e análises em que, além da pesquisa documental e/ou bibliográfica, o estudioso também realiza o levantamento de dados junto à sociedade, mediante diferentes tipos de pesquisa (GERHARDT, 2009). Os objetivos desse tipo de análise são claros: a) coletar dados, ou seja, colher informações para que tanto o condutor do estudo quanto outros pesquisadores possam delas fazer uso; b) resumir os dados obtidos, elaborando compilados de ideias que contribuam para responder aos questionamentos feitos pelo pesquisador, visto que as pesquisas de campo utilizam resumos de dados ao invés de exibi-los em seu teor original; c) fazer inferências causais, ou seja, usar os fatos conhecidos para compreender os fatos desconhecidos (EPSTEIN; KING, 2013).

Os experimentos de campo possibilitam ao estudioso fazer uma ligação entre a informação laboratorial e a que ocorre naturalmente, e representam uma mescla de controle e realismo, geralmente não obtido em laboratório ou com dados não controlados, permitindo ao pesquisador elaborar perguntas que até então eram relativamente difíceis de se responder (LEVITT; LIST, 2008).

Na verdade, o objetivo principal do desenvolvimento metodológico dos experimentos laboratoriais é entender e reduzir as diferenças entre o laboratório e o campo. Um exemplo, nesse sentido, é incentivar a participação das pessoas no experimento por meio do sorteio de um brinde. A finalidade desse procedimento é imitar o cenário fora do laboratório, onde boa parte dos estímulos recebidos pelas pessoas são obtidos na forma de pagamento, ao invés de ganhos inesperados (CARLSSON; HE; MARTINSSON, 2012).

A pesquisa de campo viabiliza valiosas interseções entre diferentes áreas do saber, incrementando o conhecimento científico. Para os propósitos deste estudo, que busca identificar empiricamente a dificuldade do leitor na compreensão das decisões judiciais, foram usados, por exemplo, dados estatísticos para avaliar como os Tribunais criam a legitimidade popular dos seus julgamentos.

Quando os juristas avaliam os Tribunais, concentram-se tradicionalmente no grau em que as cortes de justiça alcançam dois objetivos distintos, quais sejam, o estabelecimento da verdade e a punição nos termos da lei. Tais propósitos estão associados, visto que a determinação do que se considera como verdadeiro é frequentemente considerado como um elemento essencial para determinar punições justas. Este objetivo está presente, de modo explícito, na legislação brasileira, como se observa na leitura do art. 378 do Código de Processo Civil, que apresenta a seguinte redação: ninguém se exime do dever de colaborar com o Poder Judiciário para o descobrimento da verdade.

Embora haja o reconhecimento da importância, por parte dos Tribunais, de exercer a autoridade legal por meio dos procedimentos, os quais, por força de seus objetivos, seriam justos, as discussões sobre justiça processual são mais recentes. No trabalho de pesquisa sobre as raízes da aplicação de ideias de justiça processual subjetiva, articulando os dados de uma teoria já percebida, sua validade é estabelecida por meio de um programa de pesquisa experimental (TYLER, 2013).

A observação dos dados coletados em pesquisas de campo afeta muitos setores do conhecimento que, aparentemente, mostram-se como impermeáveis, seja entre estudiosos do direito e cientistas sociais, entre o saber acadêmico e o prático, entre a atividade doutrinária e a empírica, entre o normativo e o descritivo. É possível, assim, questionar: existe algum tipo de abordagem que a lei ou a formação jurídica oferece, do ponto de vista empírico? A resposta é positiva, no sentido de que a principal contribuição disponibilizada pelos advogados (acadêmicos ou não) para a erudição sobre a lei é a sua experiência profissional e uma sensibilidade qualitativa dela derivada (KARLAN, 2013).

São variadas as maneiras como cada estudioso pode obter os dados pretendidos, por meio de experimentos de campo. Este trabalho pode ser feito mediante a aplicação de simples questionários, realização de entrevistas e, até mesmo, com a utilização de recursos matemáticos para organização e análise das informações obtidas. Esta última ganhou contornos bem específicos ao se estruturar como uma ferramenta de avaliação, por meio de rigorosos cálculos, do fenômeno jurídico. Ela recebeu o nome de jurimetria (*jurimetrics*, no original em inglês), nas décadas de 1960 e 1970. Cabe ressaltar que este não é um termo frequentemente utilizado para qualificar as atividades de pesquisa.

O nome desta ferramenta foi proposto por Lee Loevinger (1913-2004), enfatizando a importância dos métodos estatísticos para a atividade advocatícia. Para Loevinger, o conhecimento sobre a lei pode ser obtido pela observação e não pela especulação. Isso foi feito por meio do estudo empírico do fenômeno legal, com auxílio de modelos matemáticos e baseado no que ele chamou de individualismo metodológico como paradigma básico para a explicação e previsão do comportamento humano (DE MULDER; NOORTWIJK; COMBRINK-KUITERS, 2010).

São muitas as possibilidades de utilização de experimentos de campo, não apenas numa área específica do conhecimento científico, mas também para viabilizar a análise de efeitos futuros do comportamento humano. É possível, por exemplo, investigar aspectos econômicos relevantes do processo intertemporal da tomada de decisão, ou seja, o período de comprometimento com o investimento e a frequência de *feedback*, utilizando a chamada aversão míope à perda (TABAK; CORTES, 2009).

Como método de abordagem em *marketing*, o pesquisador de campo escolhe um lugar específico para fazer a experiência, denominado localização de controle (e para o correspondente grupo de controle), de tal forma que a sua intervenção ocorra em determinado ambiente, obtendo resultados diferentes do grupo de tratamento. Como os experimentos de campo utilizam a randomização de condições que não são frequentes, existe a preocupação sempre presente de que uma diferença obtida entre o local de tratamento e o de controle seja atribuída à localidade e não à intervenção manipulada (TRAFIMOW; LEONHARDT; NICULESCU; PAYNE, 2016).

Na Ciência Política, os experimentos de campo são raramente utilizados, baseando-se no critério área, principalmente em experiências laboratoriais. O que se observa é a desconsideração, por parte dos cientistas políticos, das experimentações de campo e a superestimação da própria capacidade de extrair inferências causais seguras de outros tipos de dados, o que é um erro, visto que as informações obtidas em campo parecem ser a forma mais sólida e inquestionável de estudar a ciência social e de realizar avaliação de programas sociais (GREEN; GERBER, 2003).

Questionamentos incomuns podem ser elaborados tendo como pano de fundo a utilização dos experimentos de campo como meio de obtenção de dados para uma pesquisa científica. Podem ser formuladas, por exemplo, as seguintes perguntas: como o princípio da complementaridade de Bohr[13] pode ser levado para os atuais campos de pesquisa interdisciplinares nas ciências sociais, os quais abrangem tanto os métodos quantitativos quanto os qualitativos e os respectivos conjunto de dados? Já se pode falar em uma nova epistemologia, assim como em uma nova política científica do "quali-quantitativo"?

Para os propósitos desta pesquisa e, em termos práticos, que relação pode haver, por exemplo, entre a tecnologia da informação e o direito? É possível fazer com que a "grande informação" (big data, no original em inglês – relativa aos dados inseridos em computadores) e a "pequena informação" (small data, no original em inglês – as informações específicas do mundo jurídico) aprimorem-se reciprocamente, podendo redimensionar, potencialmente, bifurcações entre os mundos da informação quantitativa e qualitativa? Desta forma, uma ciência social fundamentada combinaria agendas de pesquisa, perspectivas e metodologias do campo jurídico com os recursos computacionais locais, colocando os próprios cientistas dentro de uma ampla rede de dados sociais sob investigação (BLOK; PEDERSEN, 2014).

Estes e outros exemplos sugerem que a investigação científica do direito pode ser amplamente enriquecida se utilizadas outras formas de abordagem do objeto de estudo. Em se tratando do contexto latino-americano, há um problema, que é a execução insuficiente da pesquisa jurídica, causado, entre outros motivos, pelo fato de que muitas das instituições de ensino superior supõem que o discente não necessita passar por um completo e rigoroso procedimento para obter a sua graduação por meio da elaboração e defesa de uma tese (REYES; JAIME; LÓPEZ, 2016).

Assim, explicar ou solucionar os conflitos no campo normativo, a partir, somente, de um ponto de vista jurídico, pode limitar as possibilidades de pesquisa naquela área de conhecimento. Boas práticas investigativas, quando o estudioso faz uso da multidisciplinaridade como um meio de encontrar caminhos mais efetivos para alcançar os resultados pretendidos, contribuem diretamente para a mudança de tal situação, ampliando os horizontes do jurista, enriquecendo a própria investigação e aumentando a possibilidade de gerar relevância e conferir eficácia às leis existentes.

---

13 Este princípio foi cunhado por Niels Bohr em 1928. O estudioso afirma que a natureza da matéria e da radiação é dual e os aspectos ondulatório e corpuscular não são contraditórios, mas complementares. Esta afirmativa justifica o nome do princípio. Desta forma, o princípio da complementaridade confirma a ambiguidade e natureza dual da matéria e da energia.

Há autores que defendem que há uma evolução convergente entre as diversas formas de pesquisa realizadas no direito e outras áreas da ciência. Este é um assunto relevante no presente estudo. Por meio desta abordagem, eles procuram indicar as diferenças e similitudes numa área jurídica crítica, ou seja, em relação a tomada de decisão num cenário de incerteza. Isso porque, o direito e a ciência reconhecem e adotam abordagens que apresentam elementos, em sua maioria idênticos, apesar de usarem linguagens completamente diferentes para descrever os mesmos fatos (SAKS; NEUFELD, 2011).

3.3. Os experimentos e o direito

Considerando o que foi dito anteriormente, é possível ter uma noção dos resultados que podem ser obtidos mediante a utilização dos experimentos no campo jurídico. A pesquisa empírica no direito, caso se tornasse mais comum entre os seus estudiosos, talvez representasse um importante incremento na forma de abordagem e, mais ainda, indicasse novos rumos para mudanças conceituais nesta área do conhecimento.

Isto porque, no século passado, os juristas ignoraram o trabalho da Ciência Política que, entre outros assuntos, estudava a tomada de decisões judiciais. Esta situação modificou-se, visto que atualmente estudiosos do Direito procuram empiristas para validar ou revalidar as teorias conceituais sobre como a lei funciona.

Uma das formas de compreender a metodologia que embasa o preceito legal é por meio de observações empíricas, as quais, certamente, podem revelar se os tomadores de decisões legais estão atentos aos seus diferentes aspectos, sejam doutrinários ou jurisprudenciais. Os métodos empíricos podem medir, por exemplo, a previsibilidade dos resultados normativos em vários contextos (ALLEN, 2015). Mas, por vezes, as afirmações sobre a eficácia dos estudos jurídicos parecem ir mais longe.

Muitos estudiosos do direito presumem que os sistemas legais se desenvolvem em resposta a esforços intencionais para alcançar objetivos políticos, sociais e econômicos. Há a suposição de que a confiança explícita ou implícita nas estruturas jurídicas é uma questão de escolha ponderada, ou seja, haveria a possibilidade de se optar, de modo consciente, por formas mais eficientes ou adequadas de organização da sociedade, valendo-se das normas.

Porém, há estudos empíricos que relacionam a lei e a ciência evolucionista, utilizando a metáfora da norma como uma espécie de alavanca para comunicar a ideia de que a regra de comportamento é um instrumento usado para mudar o comportamento das tendências inatas. Existem outros métodos de pesquisas que defendem um ponto de vista alternativo, pelo qual o uso dos sistemas legais para organizar o comportamento social é parte integrante da natureza humana (GUTTENTAG, 2009). Dito de outra forma, haveria um instinto ou aspecto inato na raça humana, não apenas para criar mas, também, para se submeter às regras elaboradas para tal fim.

Meu intuito, aqui, não foi confirmar ou refutar tais afirmações, mas indicar que os experimentos e a pesquisa empírica no direito contribuem de maneira eficaz para a produção científica. Mesmo que se considere os limites da investigação empírica, é possível perceber o vultoso papel dos experimentos como fatores complementares e sinérgicos dos estudos baseados em valor na esfera jurídica.

Considerando as finalidades do estudo aqui realizado, evidências empíricas podem informar sobre decisões válidas, nas quais as questões factuais se tornam complexas. É perfeitamente possível que se faça um experimento no direito a fim de encontrar, por exemplo, evidências de que os *airbags*[14] salvam vidas e, com isso, constatar que estas informações são úteis se compartilhadas com autoridades de segurança do trânsito (HO, 2009).

Outra investigação que pode ser feita mediante uma pesquisa experimental, no campo jurídico, é para confirmar, mediante a coleta e análise de dados, se os Tribunais estão fazendo um trabalho consistente, com vistas a resolver os conflitos nos quais a apreciação de questões tecnológicas e científicas é parte do processo. A busca por transformar as cortes de justiça em ambientes favoráveis à opinião científica revela sua importância no sentido de sustentar a legitimidade dos Tribunais como instituições de resolução de disputas.

Apenas, aparentemente, as condutas do jurista e do cientista parecem ter elementos comuns. As duas utilizam, por exemplo, o termo "evidência", mas há diferenças perceptíveis, na prática e no discurso, quando esta palavra é empregada no campo jurídico e científico. Isso porque, o vocábulo "evidência" não é equivalente a "prova" pois, na maioria das vezes, as teorias não podem ser "provadas", no sentido de se tornarem indiscutíveis, para o mundo científico. Quase todas as conclusões científicas são consideradas provisórias (BINNIE, 2007).

Já para o direito, quando uma das partes em disputa num processo judicial obtém o convencimento do juiz mediante uma "evidência", é provável que isso implique num julgamento favorável à pretensão da pessoa que "provou" tal fato. Assim decidido, mediante uma sentença, não mais se discutirá o que se alegou em sede processual, e a conclusão jurídica é tida por definitiva, ao menos em regra.

---

14 Bolsas de ar, numa tradução literal. De modo simples, trata-se de um sistema de segurança presente em veículos automotores pelo qual, caso ocorra uma colisão de grande impacto, em frações de segundos, são acionadas bolsas que se inflam e evitam que o condutor sofra lesões de maior monta.

A maioria dos eventos da realidade que devem ser relatados no âmbito de um processo judicial exige que a narração se mova dos fatos ocorridos para as hipóteses legalmente previstas, as quais serão objeto de análise e estarão sujeitas aos critérios definidos em lei para a solução dos conflitos. Mas, a qualidade dessa descrição pode ser mais ou menos eficaz, do ponto de vista comunicativo, a depender da habilidade de quem a elaborou (GONZÁLEZ, 2015).

Neste contexto, o que se observa no processo judicial é a apropriação dos fatos, por parte do direito, de forma a adaptá-los em uma estrutura previamente delimitada nas leis processuais, critério considerado justo. Ao serem produzidas, as provas, no processo, são manuseadas de maneira a se adequarem a um perfil legalmente previsto, de forma a gerar uma versão aceitável para o mundo jurídico pois, caso contrário, reputam-se inválidas (BAPTISTA, 2007).

Desta forma, a realidade construída na demanda judicializada se origina de uma progressiva e mútua relação entre a lei e o fato. Por sua vez, esta conexão é realizada em autos judiciais, na forma escrita, havendo vários regramentos na legislação brasileira prevendo que os atos processuais sejam escritos e não orais. De modo expresso, é o que se observa no artigo 152, inciso I e no parágrafo único do art. 192, todos do Código de Processo Civil, com as seguintes redações: Art. 152. Incumbe ao escrivão ou ao chefe de secretaria: I - redigir, na forma legal, os ofícios, os mandados, as cartas precatórias e os demais atos que pertençam ao seu ofício; Art. 192. (...) Parágrafo único. O documento redigido em língua estrangeira somente poderá ser juntado aos autos quando acompanhado de versão para a língua portuguesa tramitada por via diplomática ou pela autoridade central, ou firmada por tradutor juramentado.

Pesquisas experimentais no direito podem coletar e apresentar resultados, de interesse indireto do estudo aqui realizado, para avaliar se as predisposições políticas influenciam a tomada das decisões judiciais. Investigações, neste sentido, contribuem para superar as duas principais limitações sobre as análises empíricas existentes, que tenham por objetivo evidenciar tais influências. A primeira diz respeito ao uso de métodos não experimentais para avaliar as decisões de juízes atuando concretamente, e a segunda refere-se à falha ao usar magistrados reais em experimentos de raciocínio ideologicamente falsos (KAHAN, 2016).

Este último aspecto, que utiliza juízes em situações reais de julgamento e, em tais circunstâncias, vale-se de experimentos para obtenção de dados e posteriores análises, é indicativo de uma mudança metodológica de considerável relevância para o direito, especialmente quanto aos propósitos deste estudo. Em função da sua importância, será feita uma breve comparação.

Considerando que o juiz é o representante do poder público, tendo como uma de suas principais funções a aplicação da lei aos processos judiciais para a solução dos conflitos encaminhados ao Poder Judiciário, ele tem a prerrogativa do juris dicere, ou seja, literalmente é quem diz o direito. Dito de outra forma, o magistrado faz a avaliação das provas indicadas pelas partes em disputa e, tendo diante de si o conjunto de leis, define qual a regra adequada para o caso, por considerá-la apropriada para resolver a questão judicialmente posta.

Em muitas situações, existe um regramento específico e suficiente para que determinada demanda possa ser atendida, no sentido de que, ao se alegar um direito, há um artigo de lei aplicável à demanda. Ocorre que a própria lei, no caso brasileiro, prevê que o chamado ordenamento jurídico não é absolutamente completo, ou seja, há uma explícita previsão de que não existem regras hipotéticas para todos os casos concretos.

Tal situação se denomina lacuna da lei e, para preencher esse vazio legal, o art. 4º da Lei de Introdução às Normas do Direito Brasileiro (Decreto-Lei n. 4.657/42) prevê que se a lei for omissa, o juiz decidirá o caso de acordo com a analogia, os costumes e os princípios gerais de direito, sendo essa uma das maneiras tradicionais de superar este tipo de deficiência. Porém, em outros cenários, o quadro torna-se bem mais complexo, especialmente quando se trata da interpretação de um tratado internacional.

Na segunda metade do século XX, observou-se que o sistema estatal internacional foi amplamente apoiado pelo desenvolvimento dos acordos entre os países. Desta forma, os governos mundiais concentraram a elaboração de seus regimes legais em três conjuntos de regras: a garantia dos direitos humanos, a administração dos sistemas econômicos e a contenção dos conflitos entre os países.

Os convênios entre as nações, nestes acordos, foram utilizados como ferramentas primárias na criação das instituições mundiais e na codificação de normas garantidoras de direitos considerados fundamentais. Com o intuito de elaborar um modo tipicamente jurídico para superar as controvérsias na compreensão dos tratados, foram utilizados métodos, vários deles úteis para esta finalidade. Para que eventuais antagonismos entre as convenções internacionais fossem resolvidos, chegou-se à redação de um documento com regras sobre conflitos em matérias de tratados, a saber, a Convenção de Viena sobre o Direito dos Tratados (CVDT), assinado em 1969 que, expressamente, nos arts. 31 a 33 trata da interpretação das convenções entre os países.

Antes da CVDT, os formuladores de política internacional se baseavam principalmente em regras gerais de intepretação derivadas do direito romano e cânones domésticos de base contratual ou estatutária. Assim, três princípios foram largamente utilizados para interpretar os tratados internacionais: a) lex posterior derrogat legi priori – ou seja, a lei posterior revoga a anterior, no sentido de que um tratado posterior, feito entre dois países sobre determinado assunto, revoga o anterior que trate sobre o mesmo tema; b) pacta sunt servanda – o que foi pactuado entre os países deve ser cumprido; c) lex specialis derogat generalis – a lei especial derroga a norma geral, no sentido de que um tratado que aborde especificamente um assunto revogará um tratado geral que trate do mesmo tema.

Todos esses modelos interpretativos apresentavam falta de objetividade, diminuindo assim o valor do próprio acordo, já que este não é mais tão eficaz para reduzir dúvidas futuras. Ocorre que tais expedientes têm se revelado pouco eficazes, visto que eles em quase nada se relacionam com um princípio legal. Mais se referem ao poder e à política (BORGEN, 2005).

As ferramentas de entendimento dos tratados são de caráter geral, aplicáveis a quaisquer acordos internacionais clássicos. Referem-se a um plano horizontal, ou seja, à execução de direitos e obrigações de Estados-partes que operam em relações mútuas, diferente dos convênios de direitos humanos, baseados em relações verticais, não sendo de natureza típica contratual, pois são acordos em constante evolução (WRONSKA, 2016).

O contraponto desta forma de compreender e aplicar as regras é feito pela pesquisa jurídica empírica, a qual tem sentido e abordagem historicamente diferentes da utilizada pelo direito para compreender suas próprias regras, geralmente passando pela leitura e interpretação, feitas por quem tem o poder de decidir o conflito. Seja pelas premissas, pelo modo de obter as informações ou mesmo pela maneira de compreender o próprio campo de aplicação da regra, há marcantes diferenças, perceptíveis a partir de algumas contribuições do campo experiemental.

De forma diferente da tradicional utilização de princípios interpretativos para compreensão do Direito, o pragmatismo jurídico, movimento estadunidense do final do séc. XX, propunha que: a) toda e qualquer proposição deve ser julgada conforme as necessidades humanas e sociais; b) toda e qualquer proposição deve ser testada por meio da antecipação de suas consequências e resultados possíveis; c) devem ser rejeitadas quaisquer espécies de conceitos abstratos, dogmas ou entidades metafísicas para fundamentar um raciocínio.

A partir desta perspectiva pragmática e sua influência na atuação judicial norte-americana, para Ronald Dworkin não haveria um consenso no ato de interpretar e julgar, ou seja, na prática judicial atual, os juízes reais e potenciais discordam profundamente sobre uma ampla gama de questões políticas que têm significado para a lei, como em questões de segurança pública (GORRA, 2017).

No caso brasileiro, a metodologia decisória usada por um magistrado, geralmente é a seguinte: a) o juiz faz a opção pela lei aplicável à situação concreta, a qual normalmente estabelece uma regra de decisão e; b) feita a escolha da norma a ser aplicada, o juiz associa os fatos apresentados no processo e a regra jurídica escolhida (GICO JÚNIOR, 2012).

Por meio desses exemplos, percebem-se não apenas as diferenças na prática judicial brasileira e norte-americana, pois nesta última são considerados elementos concretos, decorrentes da observação e ponderação de informações integrantes da realidade social. Ou seja, no ato de julgar também são utilizados dados empíricos. Porém, o interesse desta pesquisa não se dirige particularmente aos elementos que influenciam os juízes na elaboração das decisões judiciais, mas a investigar se elas são compreendidas pela população.

A pesquisa empírica, bem como os experimentos, se vale de diferentes maneiras para obter e avaliar as informações. Na década de 1940, o cientista político norte-americano C. Herman Pritchett começou a coletar dados sobre os juízes da Suprema Corte, para saber o número de votos dissidentes na totalidade dos julgamentos, a fração de concordância com outros juízes e o apoio deles ao governo federal em questões tributárias.

Sua intenção, ao reunir o material, era testar a hipótese de que os juízes não apenas seguiam a lei, os textos normativos e os precedentes, mas, também, se eram motivados por suas próprias preferências ideológicas. A fim de realizar esse teste, ele criou matrizes, ou seja, tabelas com linhas e colunas que mostravam o número de decisões não unânimes em que pares de juízes votaram juntos.

A suspeita era a de que tais comparações revelavam o liberalismo e o conservadorismo dos juízes, segundo o entendimento de pessoas "comuns" (man in the street – homens da rua, na expressão literal em inglês), concluindo que a ideologia influenciava as decisões dos juízes (EPSTEIN, 2016). Este é um bom exemplo do que a abordagem empírica pode fazer: testar e conferir validade a uma hipótese por intermédio da análise de dados observados e coletados, seja em laboratório ou em campo.

Acrescente-se que os estudiosos do direito, ao discutirem acerca dos resultados de experimentos sociais, consideraram que experimentações adicionais poderiam fornecer informações úteis em outros campos daquela ciência. O que eles não abordaram foi a questão normativa, no sentido de definir se o sistema legal deveria buscar a incorporação de métodos experimentais e, em caso afirmativo, quais abordagens o meio jurídico deveria considerar para maximizar a chance de que tais experimentos levassem melhorias à política (ABRAMOWICZ, 2011).

Outras pesquisas indicam que muitos juízes simplesmente se dão por convencidos com o significado que atribuem à lei. Ocorre que, em muitos casos, eles não conseguem encontrar um sentido para o texto legal e, por isso, recorrem a outras fontes de significado para interpretar como acreditam que o legislador queria resolver uma situação específica e concreta com a qual se depara.

Decorrente desta situação, surgiu a necessidade de pesquisas empíricas para preencher a lacuna existente por não haver uma justificativa teórica consistente, que interprete, de modo tradicional, ou não, o direito. Desta forma, é possível elaborar um argumento especulativo para uma abordagem hermenêutica pragmática, bem como contribuir para que os juízes possam implementá-la em suas decisões (SEIDENFELD, 2014).

A utilização de experimentos científicos no direito pode ser observada num exemplo bastante apropriado para este livro. Foram realizadas experiências válidas com juízes, advogados e estudantes, os quais foram instruídos a avaliar problemas legais destinados a desencadear preconceitos políticos de modo inconsciente em pessoas comuns. Os métodos experimentais foram utilizados para examinar o impacto, na tomada de decisão legal, do raciocínio motivado, o qual se refere à tendência das pessoas de conformar suas avaliações de informação a algum objetivo final ou alheio à precisão do julgamento (KAHAN, 2016).

Na legislação brasileira há uma regra específica exigindo que na decisão judicial sejam explicitamente indicados os motivos ou razões que levaram o julgador a optar por esta ou aquela solução. Esta regra está especificada no art. 371 do Código de Processo Civil, que tem a seguinte redação: "o juiz apreciará a prova constante dos autos, independentemente do sujeito que a tiver promovido, e indicará na decisão as razões da formação de seu convencimento". Porém, como indicado em outros momentos, o objetivo da minha pesquisa não foi realizar a investigação das razões técnicas que levam o magistrado a julgar de uma ou outra forma, mas demonstrar se a decisão, da maneira como foi redigida, é compreendida por um público-alvo.

Uma outra forma de empregar os experimentos no direito é referente aos custos das decisões e aos erros delas decorrentes. Quer percebamos, ou não, há um conjunto onipresente de regras-padrão, como uma lei, que estabelecem configurações para muitas atividades e bens. Tais regras estão presentes em diversas áreas e, por meio delas, são identificadas as consequências, no caso de seus destinatários ignorarem a sua aplicação. Ao reunir e analisar os dados obtidos em campo, é possível para as instituições públicas e privadas perceberem a fundamental importância de as pessoas compreenderem os pressupostos legais como meio de lhes assegurar o exercício da liberdade de escolha (SUNSTEIN, 2013).

Estas e várias outras pesquisas, realizadas por meio de experimentos, podem ser feitas no campo jurídico. Neste estudo, recorreu-se a uma ideia implícita à maioria das experiências de campo, ou seja, por fazer uso da randomização em um ambiente representativo das condições naturais em que ocorre o fenômeno estudado. Assim, valendo-se da metodologia estatística, os dados convertidos em tabelas possibilitaram a sua visualização e análise por parte do pesquisador.

3.4. A avaliação de leitura

Um dos aspectos considerados nesta pesquisa foi a importância da avaliação de leitura. Neste ponto, é preciso esclarecer que o foco deste livro não é a capacidade de compreensão dos participantes em relação aos textos utilizados no experimento. Ou seja, não houve a pretensão de investigar, em si, as habilidades de leitura das pessoas que participaram dos testes propostos, visto que o fenômeno específico de investigação foi devidamente definido na introdução deste trabalho. Foram utilizados resultados de pesquisas realizadas por outros estudiosos e conhecimentos da Psicologia Cognitiva sobre os diversos aspectos relativos à habilidade em leitura como ferramenta auxiliar para elaboração das conclusões indicadas ao final, pois, como já foi dito, este trabalho apresenta um caráter multidisciplinar.

Considerando que esta pesquisa se baseou em dados obtidos junto a universitários e teve por objetivo analisar empiricamente a compreensão das decisões judiciais, que são documentos escritos, ela também se relaciona com as investigações sobre a avaliação em leitura. Algumas abordagens sobre a capacidade de compreensão textual partem da premissa que um estudante será bem sucedido naquilo que lê caso possua uma combinação de inteligência geral, de habilidades em leitura e atividades que promovam o aprendizado, como engajamento acadêmico e motivação. Tais elementos são importantes indicadores do sucesso no ensino superior (JENKINS; DEMARAY, 2015).

Por sua vez, o desempenho acadêmico é definido como a análise realizada por uma instituição de ensino, como um modo específico de avaliação educacional. Neste sentido, há evidência de que o desempenho de um estudante depende de variáveis cognitivas, dentre elas, o conhecimento prévio de um ou vários assuntos, a habilidade intelectual, bem como dos estilos cognitivos e de aprendizagem (MORALES, 2015), os quais influenciam a capacidade de leitura.

Saber ler e interpretar um texto, é uma habilidade essencial e considerada pela maioria das pessoas como fundamental para que possa atuar em uma economia desenvolvida. De um modo geral, muitos leigos esperariam que tal capacidade variasse tanto individualmente quanto entre os diferentes grupos ocupacionais, a exemplo da competência em leitura entre médicos e trabalhadores braçais. A razão para essa expectativa é explicada pelo fato de que o ato de ler promove a intermediação do progresso, elevando o indivíduo para níveis mais altos de educação e treinamento pessoal (ATHANASOU, 2011).

Pesquisas brasileiras com estudantes que ingressaram no ensino universitário, investigaram vários aspectos, dentre eles as habilidades básicas que interferem no desempenho acadêmico. Exploraram os conhecimentos processuais que abrangem, entre outros elementos, a compreensão em leitura, o nível de conhecimentos gerais e a capacidade de raciocínio.

Os resultados obtidos indicaram que a probabilidade de um graduando ser bem-sucedido num curso universitário está diretamente ligada à sua maturidade enquanto leitor, a qual, por sua vez, inclui diferentes habilidades, tais como o ritmo, a concentração, a criticidade e a criatividade (SILVA; SANTOS, 2004). Outros fatores parecem estar envolvidos, a exemplo do interesse, da motivação e de atitudes frente à leitura, tais como a postura física e a distância da pessoa em relação ao material lido.

As práticas de leitura e de escrita no mundo letrado do início do século atual, se tornaram diversificadas e se converteram em uma das principais condições para que alguém seja inserido numa determinada cultura, tenha condições de se relacionar com outros indivíduos e viva com plenitude num contexto social. Estar no mundo é exercer constantemente a prática da leitura. Mesmo as pessoas tidas como iletradas também leem pois, este ato, em sentido mais amplo, trata da atividade de interpretação, ou seja, de atribuir um significado a tudo o que nos cerca. A leitura pode ser entendida como um domínio de possibilidades, amalgamando o que se escreve e o que se lê (BELUCE; OLIVEIRA; VERDICCHIO, 2011).

Ultimamente, tem aumentado o interesse geral pela fluência na leitura. Para isso, tem-se buscado relacionar os três níveis de habilidades de um leitor: a palavra isolada, a unidade sintática e o texto como um todo. Estes constituintes individuais da fluência e o relacionamento desta com a compreensão de um texto tem tido particular interesse dos pesquisadores. Do ponto de vista teórico, a fluidez e a compreensão textual podem ser relacionadas concentrando-se no nível das palavras ou na estrutura sintática (KLAUDA; GUTHRIE, 2008).

No contexto do ensino universitário e, para efeitos desta pesquisa, algumas estudos contribuem para a análise de um dos problemas da formação de futuros profissionais, a saber, a apropriação das competências argumentativas. Do ponto de vista conceitual, a argumentação é um modelo de expressão linguística que denota clareza, eloquência e precisão, em que um expositor intervém diante de um emissor – que pode ser singular ou plural – com o objetivo de dar peso a uma ideia ou discurso, o qual é totalmente baseado em uma investigação objetiva sobre o assunto que se pretende debater (DURANGO; CANO, 2015).

Tal habilidade relaciona-se diretamente ao fato de que, ao ler e compreender um texto, uma pessoa teria condições para, numa eventual discussão, expor as ideias contidas no material lido, de maneira clara e eficiente. Estas aptidões já deveriam ser expressamente desenvolvidas a partir do ensino médio, visto que estudos mais avançados indicam que os alunos concluem esta etapa escolar sem o domínio de tais competências, ingressando no ensino superior com dificuldades expressivas na compreensão de textos, o que compromete significativamente o seu desempenho acadêmico.

Algumas pesquisas demonstram que o bom leitor é um sujeito ativo e apresenta objetivos claros sobre a leitura, a qual lhe possibilita avaliar o conteúdo e a estrutura do texto e alcançar suas metas (BELUCE; OLIVEIRA; VERDICCHIO, 2011). Desta forma, um leitor hábil é aquele que utiliza como estratégias de leitura o planejamento e o monitoramento do conteúdo durante e após o desenvolvimento da prática de estudo, buscando avaliar continuamente sua compreensão para uso futuro, de acordo com suas necessidades.

No caso deste estudo, a eficiência da leitura pode também ser indicada ao se explorar a natureza da linguagem contida no material lido pelos participantes dos experimentos realizados, considerando-se duas concepções: a) estreita ou restrita, pela qual entende-se que a linguagem jurídica inclui apenas a semântica, ou seja, as regras gramaticais, os significados das palavras e a sintaxe; b) ampla ou extensa, na qual a linguagem inclui todas as regras que o autor e o público leitor seguem no uso da linguagem (MCGINNIS, 2018). Como já informado, optou-se por esta última noção.

Seguindo este raciocínio e do ponto de vista prático, alguns autores afirmam que não seria possível desvincular a habilidade de leitura individual da coletiva para entender o conteúdo da linguagem contido nas decisões judiciais utilizadas para os experimentos realizados. Isto porque, a lei e o discurso jurídico estão indissociavelmente ligados à linguagem. A lei é expressa em termos linguísticos tanto quanto a interpretação é influenciada pela linguagem jurídica. Esta, muitas vezes, é vaga e, por natureza, um instrumento impreciso e ambíguo.

É possível, portanto, questionar: a linguagem utilizada no e pelo direito, nos julgamentos realizados em processos judiciais, é de fato a ferramenta apropriada para a tarefa que lhe é imposta pela lei, ou seja, para alcançar os propósitos desejados da compreensibilidade, da estabilidade e da imparcialidade da ordem legal? (ACCETTO, 2013).

Já se esclareceu, no início desta pesquisa, que seu objetivo não é somente avaliar o grau de facilidade ou dificuldade de compreensão do vocabulário utilizado na linguagem judicial. Este é, apenas, um dos importantes aspectos considerados para as análises que se farão a seguir. Isso porque, estudos indicam que o conhecimento léxico é um dos melhores antecipadores da capacidade de compreensão textual, que leva o leitor a perceber novos detalhes do material redigido.

Quanto à habilidade em leitura específica, de estudantes do curso de direito, discute-se sobre os vários meios pelos quais um teste, denominado de múltipla escolha, pode ser aprimorado e contribuir para a eficiência dos discentes naquela competência. Existem estudos que enfatizam a necessidade de se trabalhar em questões práticas para compreender a aplicação de regras legais a situações factuais, exigidas para um bom desempenho do aluno em quaisquer exames, nas faculdades jurídicas, seja para elaborar um texto ou mesmo ao fazer uma opção numa prova com múltiplas escolhas (FISHER, 2008).

Algumas pesquisas sustentam que a quantidade e qualidade das palavras familiares e desconhecidas são alguns dos elementos mais significativos para distinguir se um texto é ou não complicado para ser compreendido (MOGHADAM; GHADERPOUR, 2012). Há também uma relação robusta entre o vocabulário e a percepção do conteúdo escrito. Outros estudos analisam a relação entre a compreensão em leitura e o pensamento crítico. Eles revelam que: a) existe uma correspondência bem estabelecida entre a clareza na leitura e o raciocínio analítico; b) esquemas teóricos fornecem premissas lógicas para esse vínculo; c) não há consenso relativo à definição da reflexão crítica (ALOQAILI, 2012).

Muitas variáveis compõem as habilidades de leitura e compreensão de um texto. Elas vão, desde as características pessoais do leitor, a exemplo da motivação, das particularidades em relação ao meio onde ele vive, bem, como a estrutura de uma sala de aula, até alcançar outras, mais amplas, como as políticas públicas de ensino. Algumas estudiosas indicaram que as variações ambientais e particularidades do estudante são importantes para a eficiência no entendimento do material lido (JENKINS; DEMARAY, 2015).

Concluída a apresentação dos tópicos relevantes que embasam o presente estudo, quais sejam: os experimentos científicos, os experimentos de campo e sua utilização em diversas áreas do conhecimento humano, a relevância da investigação científica no campo do direito para obtenção de dados que colaborem para um melhor entendimento do seu teor e, nesta última subseção, a avaliação de leitura e sua importância para a compreensão de um texto, na próxima seção, descreverei as premissas, as hipóteses, o desenho e a metodologia utilizada para a realização do experimento, a partir do qual foi possível escrever este livro.

4. As Premissas, as Hipóteses, o Desenho e a Metodologia do Experimento

Antes de abordar as premissas, é necessário esclarecer que o experimento realizado neste estudo não se propôs a esgotar o assunto. Ao contrário, a intenção foi abrir um debate sobre o tema para que outros pesquisadores possam complementá-lo. A discussão acerca da validade interna e externa dos resultados aqui demonstrados poderá ser ainda mais aprofundada, quanto às perguntas formuladas ao longo do trabalho, mediante a aplicação de outras experiências em diferentes contextos.

Pode-se testar, por exemplo, se uma decisão judicial e um outro texto, que não seja jurídico, apresentam a mesma dificuldade de compreensão por um público diverso, formado por estudantes universitários, inclusive aumentando o quantitativo de participantes, o que, evidentemente, demandaria mais tempo e análises ainda mais amplas. Na sugestão apresentada, é possível utilizar diferentes variáveis e analisar se houve correlação entre estas nos resultados obtidos (SPIEGEL; STEPHENS, 2009).

4.1. As premissas

Fundamentalmente, foram utilizados três principais argumentos para a construção dos experimentos realizados nesta pesquisa. O primeiro, diz respeito aos estudos sobre a inteligibilidade (*readability*) de materiais impressos, cujos principais conceitos e aspectos foram expostos no Capítulo 1, acrescentando-se agora apenas mais alguns elementos.

Primeiramente, não se adotou aqui a tradução de tal termo como "legibilidade". Em geral, *inteligibilidade* diz respeito a escrita (vocabulário, estrutura e facilidade de leitura) do texto e contribui para que o leitor perceba o seu significado. *Legibilidade* relaciona-se com os fatores tipográficos (tamanho da letra, tipo da fonte e diagramação) que contribuem para a fluidez da leitura (DUBAY, 2004). Dito de outra forma, inteligibilidade é a medida do conforto ou facilidade na leitura de um texto. A legibilidade indica apenas que um texto tem condições de ser lido, ou seja, que as palavras e as letras podem ser reconhecidas. Já o termo *compreensão* refere-se a como os usuários entendem o conteúdo escrito (BARBOZA; NUNES, 2007). Não encontrei, durante a pesquisa, a origem específica do termo *readability* e, por isso, não é possível afirmar que é um nome composto ou aglutinação do verbo *read* (ler) e o substantivo *ability* (habilidade).

Várias pesquisas foram feitas entre as décadas de 1920 e 1930, nos Estados Unidos, referentes àquele tema. Em 1934, Ralph Tyler e Edgar Dale, educadores estadunidenses, publicaram a primeira fórmula de inteligibilidade e o primeiro estudo que propunha avaliar a facilidade de compreensão de um texto.

Estes estudiosos fizeram importantes descobertas, que podem ser resumidas da seguinte forma: caso não sejam elaborados textos que combinem os interesses e a capacidade de leitura do público-alvo, ocorrerão falhas, seja em atrair a atenção para tais escritos, seja em não levar a sério os conteúdos neles descritos. Foram indicados os três fatores básicos que influenciam significativamente na compreensão da leitura por leitores adultos (DUBAY, 2007):

a. A quantidade de diferentes palavras técnicas;
b. A quantidade de palavras comuns difíceis e não técnicas e;
c. A quantidade de frases indeterminadas.

Posteriormente, em 1942, Rudolf Flesh obteve o seu doutoramento na Universidade de Colúmbia, no estado de Nova Iorque e, ao publicar sua tese, expôs uma fórmula elaborada com o objetivo de dimensionar o material de leitura para adultos. Tratava-se de uma ferramenta por meio da qual era possível prever a facilidade de leitura, numa escala de 1 a 100 pontos. Caso um texto atingisse 30 pontos, seria considerado "muito difícil" e se obtivesse 70 pontos, era avaliado como "fácil". Uma pontuação igual a 100 indicaria um material compreendido por leitores que tinham completado o 4º grau e, conforme o censo norte-americano da época, possuíam baixa escolarização. A isso se denominou *readability*.

A inteligibilidade de um texto corresponde à facilidade de leitura criada a partir da escolha do conteúdo, do estilo de escrita, da estrutura e organização que se ajusta (ou não) ao conhecimento prévio, da habilidade, do interesse e da motivação do público para o qual foi redigido. É o elemento que torna alguns textos mais fáceis de ler do que outros, o que, frequentemente, é confundido com a legibilidade, que diz respeito à percepção visual do tipo de letra ou disposição da escrita (DUBAY, 2007a)

Alguns estudos consideram que qualquer material escrito será mais ou menos compreendido não porque apresenta um vocabulário de maior ou menor dificuldade, mas por exibir uma realidade que está mais ou menos próxima da representação existencial compartilhada entre o autor do texto e o leitor. Pesquisas em linguística indicam que antes que um leitor possa compreender a mensagem escrita, é preciso haver conexão entre a informação prévia e as convenções de linguagem de quem envia a ideia ou informação e de quem a recebe (LEFFA, 1996).

Tais investigações contêm algumas sugestões para compreender melhor a utilização das fórmulas de inteligibilidade. Para os efeitos desta pesquisa, deve-se ter em mente que a leitura é o lado receptivo da linguagem escrita. Isso significa que, se a comunicação é difícil, os motivos podem ser (DAVENPORT; PHILLIPS, 1986):

a. A complexidade das ideias de quem escreve;
b. A inadequação na forma como a mensagem é expressa e/ou;
c. A falta de informação prévia, de finalidade ou de habilidade de compreensão por parte do leitor.

O segundo conjunto de fundamentos que embasam as experiências feitas nesta obra relaciona-se ao movimento deflagrado nos Estados Unidos, denominado linguagem clara (*plain language*, no original em inglês) durante a década de 1970, originado principalmente de demandas de grupos de pessoas que se manifestaram em defesa dos direitos de consumidores, exigindo inicialmente que documentos bancários e, posteriormente, quaisquer textos, fossem redigidos de forma a serem imediatamente compreendidos.

Não há uma unidade conceitual quanto a esta forma de comunicação. Alguns autores, por exemplo, preferem indicar diretrizes gerais para que se possa escrever em *plain language*, o que se obtém mediante o uso de frases curtas, de palavras simples e do emprego da voz ativa (KIMBLE, 2006). Outras pesquisas (HARRIS; KLEIMANN, MOWAT, 2010) apresentam um conjunto de práticas que caracterizam um padrão de linguagem clara:

a. Reconhecer o público-alvo e suas necessidades para entender e aplicar a informação contida no texto;
b. Admitir o julgamento dos leitores como necessário na eficácia dos documentos;
c. Priorizar questões mais amplas do texto, tais como finalidade e estrutura, as quais influenciam o êxito na comunicação;
d. Incluir questões mais detalhadas, a exemplo da extensão das frases, da escolha das palavras e da gramática que embasa a elaboração do conteúdo.

A elaboração do projeto de uma comunicação mais adequada, do ponto de vista da clareza, no sentido de aumentar a compreensão dos documentos redigidos, começará examinando o conteúdo essencial do texto em questão. Não se pode fazer uma divisão artificial, entre a ideia a ser transmitida e a linguagem, caso o material em estudo tenha uma redação excessivamente intrincada, o que frequentemente se observa, por exemplo, nas decisões judiciais.

O foco da *plain language* é a preocupação com a eficiência da comunicação e não, necessariamente, com a lei ou a política indicada no texto jurídico, visando a melhoria da qualidade da mensagem que seu autor busca transmitir (EAGLESON, 1998). Para os propósitos desta pesquisa, o que se investigou foi, justamente, o nível de inteligibilidade das decisões judiciais, o quanto estes documentos são compreendidos pelos leitores aos quais se destinam.

O que se propôs aqui, após a aplicação dos experimentos adiante indicados e a análise dos dados obtidos, foi verificar se nas amostras dos acórdãos utilizados para a realização das experiências, encontraram-se os elementos que caracterizam tais documentos como escritos em uma linguagem compreensível, a saber: a) o uso de frases diretas para descrever a informação importante; b) uma escrita na ordem sujeito-verbo-objeto; c) a utilização da voz ativa ao invés da passiva e; d) o uso de vocabulário simples, de palavras da linguagem comum (GALLACHER, 2013).

Um outro sentido pode ser atribuído na investigação da clareza das decisões judiciais. Para interpretar corretamente os processos comunicativos ocorridos nos julgamentos, é necessário conhecer as relações de poder entre os diversos atores envolvidos nesta categoria de discurso. Nela, o órgão judicial é o participante com maior poder, visto que além de elaborar a sentença, de acordo com o regramento previsto em lei, é o encarregado de atribuir a ordem das falas das partes em disputa (RODRIGO, 2010). Em que pese não ter sido este o viés adotado nesta pesquisa, é uma outra forma de compreender a relação entre os destinatários e uma sentença proferida pelo Poder Judiciário.

Dentre outros, considera-se que os aspectos indicados são fundamentais para que o julgamento realizado em um processo judicial seja adequadamente compreendido pela comunidade para a qual se dirige, pois a decisão proferida por um juiz ou um Tribunal, reitera-se, não deve ser convincente apenas do ponto de vista técnico, mas também precisa ser entendida pela população atingida pelo comando estatal.

Somado a este raciocínio, em relação à clareza e a ordem na narração do discurso jurídico, é possível observar que a premissa inicial de qualquer texto e, no caso desta pesquisa, a decisão proferida num processo judicial, deve ser a elaboração de perguntas sobre o *que* e *para quem* são narrados os fatos, considerando os problemas abordados no relato das decisões, ou seja, o uso (excessivo) de tecnicismos, de latinismos, de frases intermináveis e de ideias repetidas (GONZÁLEZ, 2015).

Estes argumentos, relativos à clareza das decisões judiciais, foram elaborados a partir de outras percepções práticas do que significa o termo direito. Num sentido mais amplo, ele se define como uma regra de conduta e, entendido que esta consiste num discurso de quem detém o poder no grupo, em qualquer nível de organização simples ou complexa, tal manifestação não se reproduz, na realidade, como consequência espontânea das relações interpessoais. Em alguma medida, o comportamento humano é influenciado por alguém que diz como as coisas devem ser.

Sendo o elemento fundamental do poder, o direito não é mais do que uma linguagem e, mais especificamente, a linguagem da dominação. Sem esta seria impossível a existência do poder político. Por este motivo, a avaliação da linguagem jurídica é o cerne da questão para que se possa pensar em alternativas para melhor equacionar problemas enfrentados em sociedade, pois o direito é o produto mais refinado da linguagem (SÁNCHEZ, 2010).

O direito é construído a partir do uso da linguagem comum, no momento em que esta é utilizada na forma prescritiva. Por meio de normas contidas nas regras de comportamento, este entendimento passa a ser decisivo para dimensionar a atuação de quem trabalha naquele campo de conhecimento e, consequentemente, determina a própria efetividade das normas jurídicas.

Com isso, quero dizer que o direito não se limita apenas à lei, visto que, por meio desta, o Estado difunde comandos para as atuações individuais e coletivas, além de fixar parâmetros para esse efeito. Por se tratar, também, da popularização de um fenômeno normativo, os julgamentos do Poder Judiciário possuem declarações comunicativas dirigidas à coletividade e tais enunciados não são interpretados apenas pela própria instância do poder público, mas também pela população (COELHO, 2017). Por isso, é necessário definir o sentido de uma norma jurídica, visando sua efetiva aplicação à realidade concreta.

Na terminologia da linguagem jurídica, as normas de conduta não estão expressas sobre como o comportamento humano deveria ser, mas descrevem um mecanismo segundo o qual certos eventos produzem efeitos invisíveis como, por exemplo, um dever ou faculdade numa relação entre as pessoas (TORRES ORTEGA, 2015). Assim, é fundamental que, ao elaborar um parecer judicial, o tomador de decisão se valha não apenas de uma terminologia técnica ou de conceitos abstratos, tão comuns ao mundo do direito, mas tenha a consciência de que seu julgamento tem uma amplitude que ultrapassa, e muito, a mera definição jurídica, abrangendo um significado atribuído *por* e *para* toda a sociedade.

Tais entendimentos contribuem para perceber o processo judicial como um espaço comunicativo. Isto porque, a relação entre o direito e a linguagem deu lugar a diversas pesquisas, cujas repercussões foram observadas, por exemplo, em movimentos de modernização da comunicação jurídica e da incorporação desta disciplina nos programas regulares do ensino superior em alguns países. A vinculação adquire características especiais quando se desce ao plano do processo judicial e ao ramo do direito que o estuda, pois, grande parte do trabalho dos linguistas está relacionado com a atividade processual e dirigida à modernização, à explicitação e ao uso conveniente da linguagem forense (GALILEA, 2015).

É possível, então, fazer o seguinte questionamento: que concepção de linguagem sustentou (e ainda sustenta) a postura adotada pelos magistrados nas decisões judiciais, em particular na esfera jurisprudencial? Um vislumbre do que pode ser um início de resposta é encontrado na relação entre a linguagem e o direito, visto que a complexidade da questão, que gera ampla discussão, está em identificar a forma exata com que tal vínculo se dá. Isto porque, as normas jurídicas se manifestam por meio da linguagem, tanto quanto as decisões dos Tribunais, que aplicam, na prática, as regras legais.

Mesmo que, às vezes, haja incerteza quanto ao teor da lei, todo o material de interpretação, a exemplo dos debates feitos por advogados na defesa de seus clientes, também é materializado num código escrito. Desta forma, a linguagem é esclarecida por ela mesma e o resultado é, igualmente, expresso por meio da escrita(ROMÁN, 2008).

No debate acima, pode ser incluída, de maneira muito breve, a diferença entre a concepção filosófica modernista e pós modernista da linguagem. A primeira revela a relação entre a palavra e o mundo, pois entende que a principal função da linguagem é representacional, descrevendo o modo como as coisas são. A perspectiva pós-moderna rejeita a dicotomia entre linguagem como representação, visto que a formação do senso do mundo é feita linguisticamente, ou seja, a verdade do que afirmamos não é uma função da relação entre nossos atos de fala e determinado estado de coisas independente da mente.

Dito de outra forma, a linguagem pós-moderna muda de um conceito de linguagem como representação para a linguagem como prática, pois o significado é atribuído pelo uso linguístico. Trata-se de uma mudança para a competência, uma capacidade manifestada e facilitada numa linguagem (PATTERSON, 2003).

Essas discussões levam a várias reflexões, dentre elas o problema enfrentado pela ciência do direito quando tenta definir qual é o seu objeto, ou seja, se é apenas o ordenamento jurídico ou decisões judiciais. Pressupondo o vínculo absoluto entre o sistema legal e os julgamentos do Poder Judiciário, podem ser defendidas duas posições extremadas: a) as decisões judiciais não são nada além da repetição individualizada das regras e; b) o ordenamento jurídico não existe por si mesmo, mas é manifestado por meio das decisões judiciais.

Tomando o modelo linguístico de Ferdinand de Saussure (1857-1913), para quem a linguagem forma um sistema de crenças e construções próprias de uma comunidade, o significado atribuído a um signo linguístico é uma ideia associada, uma interpretação aceita, que um grupo social põe em prática, de acordo com os valores predominantes.

Fazendo um paralelo com o paradigma acima, no campo do direito, observam-se as normas jurídicas gerais (correspondendo à língua, no modelo saussuriano) que, por um lado, a partir de suas relações mútuas, formam um sistema linguístico e apresentam um sentido e, por outro, as decisões judiciais (equivalentes à fala, para Saussure) ou atos individuais de significação, oferecidos diante de um caso concreto (LELL, 2016).

Uma primeira repercussão dos argumentos indicados, relativos à clareza do conteúdo das decisões judiciais, pode ser observada quando se avança no debate em torno da informação na constituição da cidadania. Uma hipótese a se levantar é a de que um cidadão bem informado será capaz de participar na criação de melhores políticas públicas. Apesar das constantes melhorias que visam oportunizar a aquisição de conhecimento e a disponibilização de informações aos diversos públicos de interesse, ainda há uma grande parcela da sociedade que não tem acesso à *internet*, às bibliotecas públicas e a literaturas especializadas.

Como consequência dessas desigualdades, que impedem que mais pessoas tenham acesso à informação, observa-se uma segmentação social que prejudica o pleno exercício da cidadania. Dito de outra forma, é possível perceber que há uma parcela de cidadãos bem informados, conscientes e aptos a participarem do debate político e outra, praticamente excluída deste contexto, sem capacidade de exercer esse direito, devido à falta de conhecimento. Esta parte que desconhece os mecanismos políticos, tende a elaborar sua opinião a partir das informações de massa, produzidas pela mídia, particularmente a televisão. Isso contribui para delinear as necessidades desse grupo de indivíduos, gerando o conformismo da população e uma cidadania estereotipada (CHÁVEZ, 2015).

Se, por um lado, o acesso à informação apresenta déficits, por outro, as inovações tecnológicas que, desde o início do séc. XXI, têm crescido exponencialmente, trouxeram inovações que desencadearam um poder inovador de construir ferramentas comunicativas e organizacionais, utilizando a conectividade em banda larga móvel e as redes sociais como meios de alcançar tais objetivos. Os aplicativos e *softwares* facilitaram os processos, no que se refere à coleta de dados, a discussão, a tomada de decisão e a votação de ideias, no contexto da chamada *tecnopolítica*.

Trata-se da capacidade dos atores, em sociedade, de vislumbrar e implementar objetivos políticos com o apoio de artefatos técnicos, o que pode ser feito mediante uma abordagem centralizada, onde as práticas na tomada de decisões acontecem verticalmente, de cima para baixo. Neste caso, a informação é exclusiva daqueles aos quais são conferidos poderes para decidir, ou por meio da abordagem distribuída, na qual as práticas tecnopolíticas aplicam-se de baixo para a cima, e a informação é coproduzida e compartilhada pelo indivíduo por meio de redes sobrepostas (KURBAN; PEÑA-LÓPEZ; HABERER, 2017).

Um segundo impacto, quanto à dificuldade de compreensão dos textos jurídicos, a exemplo das decisões judiciais e do teor da lei, diz respeito à ignorância das regras legais por uma considerável parcela da população. Frequentemente, as pessoas se veem em situações desconfortáveis ou, até mesmo complicadas, por desconhecerem as normas sobre as transações mais comuns em seu dia a dia como, por exemplo, alugar um imóvel ou emprestar e tomar dinheiro emprestado. Grande parte da população tem uma compreensão surpreendentemente modesta dos princípios legais básicos.

Nas situações que envolvem conflitos por diferentes motivações, os direitos são reivindicados pela parte ofendida e, consequentemente, poderá ocorrer o movimento de defesa pela parte contrária. Nestas circunstâncias, desconhecer ou não compreender a regra legal pode significar um grande risco, visto que a ignorância do texto jurídico pode distorcer, inclusive, importantes decisões, sejam econômicas ou mesmo aquelas a serem tomadas em um eventual processo judicial (VERKERKE, 2015).

As últimas premissas utilizadas para a construção do experimento descrito adiante, já estão nas considerações da seção anterior, quando foram indicadas as concepções e utilizações dos experimentos, inclusive no direito, motivo pelo qual não é necessário maior aprofundamento.

4.2. As hipóteses

Para a construção do experimento feito nesta pesquisa, elaborei três principais hipóteses, as quais seriam ou não confirmadas após a aplicação da experiência e da análise dos dados. Minha primeira suposição era a de que *em geral, os(as) estudantes dos anos iniciais de cursos de graduação de nível superior apresentariam maior dificuldade de compreensão de acórdãos do que os(as) dos últimos anos*. Intuitivamente, é possível conceber que as pessoas que ingressam nos cursos de formação, os futuros profissionais das diferentes áreas de conhecimento, ainda não incorporaram uma série de conhecimentos ao seu patrimônio pessoal, o que já teria ocorrido com aquelas que já estão se formando no ensino superior.

Isto se referia, no contexto deste trabalho, a toda a bagagem linguística que uma pessoa possui ao entrar em uma universidade, e a tudo que terá de acrescertar ao terminar a sua graduação. Dito de outra forma, trata-se de todas as habilidades de leitura que alguém possui antes e depois de sair de uma faculdade. Estas competências são formadas por meio de interações com diferentes textos, dos mais variados conteúdos, seja em relação ao vocabulário e seu significado (semântica) ou quanto à habilidade gramatical, bem como em perceber a estrutura de organização das das frases (sintaxe). Somado a tais aspectos, pode-se pensar também que, ao se formar num curso superior, uma pessoa teria condições de conferir um significado de maior complexidade, precisão e objetividade à compreensão do mundo à sua volta do que aquela que está no início de sua formação.

Ainda hoje, é escasso, no Brasil, o número de pesquisas correlacionando o desempenho acadêmico universitário com a compreensão em leitura. Há evidências indicando que um considerável percentual dos alunos que concluem o ensino médio, saem das escolas secundárias desprovidos da habilidade da leitura e ingressam no ensino superior com sérias dificuldades nesta competência. Um dos papéis da universidade, quanto a este aspecto, seria o do planejamento, desenvolvimento e administração de projetos de superação das limitações dos alunos, no que se refere a este quesito (OLIVEIRA; SANTOS, 2005).

Supõe-se que os estudantes universitários, na fase final dos cursos de graduação, disponham de conhecimentos técnicos obtidos por intermédio da leitura. Pela lógica, isso foi alcançado pelo desenvolvimento, tanto da leitura em si (agilidade, reconhecimento das palavras e da organização do texto) quanto da compreensão do que foi lido (atribuição de significado), o que ainda não teria ocorrido em relação aos que estão na fase inicial de suas graduações.

Trazendo o que foi exposto acima para o contexto deste trabalho de pesquisa, pode-se dizer que a mera suspeita não é condição suficiente para confirmar se uma decisão judicial foi ou não compreendida pelos participantes do experimento. Por este motivo, solicitou-se a cada um que indicasse alguns aspectos pessoais, tais como a data de início do curso superior, se possui experiência profissional prévia e, também, quanto tempo (semanalmente) se dedicava à leitura de algum material jurídico.

O experimento indicado nas próximas seções foi realizado com grupos de alunos de dois cursos do ensino superior, sendo que um deles é o de Direito. Quanto a este, inclusive, há pesquisas específicas relativas à habilidade de leitura, considerada essencial para tais estudantes se quiserem obter bom desempenho nas diferentes disciplinas ministradas ao longo da graduação. Esta capacidade é particularmente importante no momento em que os universitários se deparam com a necessidade de compreensão das constantes decisões proferidas pelos diferentes Tribunais, o que se denomina jurisprudência.

Ao iniciar um estudo em relação a temas como estes, a suspeita comum do pesquisador é a de que os alunos que se matriculam numa faculdade de direito possuiriam a habilidade de ler textos jurídicos com competência. Tal presunção é falaciosa e, na linguagem dos estudiosos, é chamada de "suposição de desenvolvimento de habilidades" (*skills deployment assumption*, no original em inglês). Presume-se, erroneamente, que estudantes de direito possuem suficientes habilidades de alfabetização, as quais serão prontamente utilizadas para compreender os textos legais (ARIFFIN, 2014), quando ingressam no curso superior. Apesar do objetivo desta pesquisa não ser a confirmação desta inferência, é possível, futuramente, desenvolver outros estudos para avaliar se tais conjecturas seriam efetivamente comprovadas.

Outra hipótese, também testada nesta pesquisa, foi a de que *os(as) estudantes dos últimos anos de Ciências Exatas (no caso, a Engenharia) apresentariam melhor compreensão das decisões judiciais dos que os(as) de cursos de Ciências Humanas (no caso, o Direito).* Apesar de, inicialmente, parecer contraditória com o que se afirmou quanto à primeira suposição, esta segunda suposição é uma consequência de dois raciocínios prévios. Por um lado, as amostras de decisões judiciais submetidas aos participantes do experimento já apresentam, por si, um considerável nível de dificuldade quanto à sua compreensão. Com isso, quero dizer que o simples fato de alguém saber ler e escrever não implica, necessária e imediatamente, a compreensão dos textos utilizados na experiência a ser descrita adiante.

Isto porque, a forma com que os textos legais são escritos deveria ser estudada cientificamente, utilizando o conhecimento empírico jurídico. E, um dos aspectos da linguagem legal, a ser investigado para melhor compreensão do seu teor, seria a estrutura do uso da palavra nos textos legais. Uma sugestão, para iniciar uma investigação a esse respeito, seria elaborar a pergunta fundamental com o objetivo de confirmar se o modo como as palavras são utilizadas no discurso jurídico difere, de maneira considerável, quando comparado com a forma como elas são usadas em outros tipos de texto. Uma sugestão para se fazer esse exame seria por meio dos métodos da linguística quantitativa (DE MULDER; VAN NOORTWIJK; COMBRINK-KUITERS, 2010).

Por outro lado, tendo como referência o positivismo jurídico de Hans Kelsen (1881-1973) e Herbert Hart (1907-1992), o problema do decisionismo judicial parte do pressuposto de que o direito resulta da linguagem natural, sem o controle dos sistemas linguísticos formais. Por esta razão, ele sempre está sujeito à indeterminação e à ambiguidade. Consequentemente, não é possível extrair um sentido único de um texto normativo (SIMON, 2006) e, para as finalidades desta pesquisa, do conteúdo de julgamentos proferidos por uma instância de hierarquia superior do Poder Judiciário, aplica-se o mesmo entendimento.

Desta forma, minha percepção, ao menos hipoteticamente, era a de que as decisões judicias *em si mesmas* não são de fácil compreensão, ou não apresentam tal característica em relação à maior parcela do público para o qual se dirige, o que foi confirmado no capítulo 1, com os resultados das primeiras investigações realizadas. Neste ponto, acrescenta-se outro argumento em relação à segunda hipótese deste trabalho. Considerando a dificuldade prévia de compreensão do teor das decisões judiciais, tais documentos equalizariam potenciais leitores, fossem eles de qualquer curso superior, seja o Direito ou a Engenharia Civil.

Isto porque, a complexidade dos textos jurídicos não diz respeito apenas ao seu vocabulário ou aos termos técnicos utilizados pelos operadores do direito mas, também, à estrutura gramatical das decisões judiciais. Uma das etapas desta pesquisa foi justamente identificar em que medida a linguagem utilizada no discurso jurídico, *como um todo*, é (ou não) compreendida pelos seus públicos de interesse. Portanto, não se tratava apenas de confirmar se somente o jargão utilizado pelo campo jurídico é compreensível mas, além disso, se a lógica na elaboração de uma decisão judicial é entendida. E, aqui, não se refere, apenas, à aplicação interna do próprio direito, mas também ao sentido atribuído pela comunidade à linguagem judicial.

Neste sentido, no núcleo da segunda hipótese deste trabalho, a qual foi testada na aplicação do experimento a seguir descrito, também existe a presunção de que a lógica matemática, do ponto de vista dos estudantes de Engenharia, entraria como um componente adicional para um melhor desempenho na atribuição de sentido às decisões judiciais, o que supostamente não ocorreria com os estudantes de Direito. Esta mesma precisão, observada no raciocínio e cálculo, típicos das ciências exatas, é utilizada nas fórmulas[15] elaboradas para avaliar a inteligibilidade de quaisquer textos.

A principal pergunta a ser feita sobre um documento escrito é: quais elementos empregados na redação de um texto contribuem diretamente para a maior ou menor facilidade na compreensão de seu conteúdo? A dificuldade de entendimento pode incluir diferentes aspectos, tais como a estrutura das frases ou complexidade das palavras usadas no discurso, a ideia ou informação transmitida pelo teor do documento e o conhecimento prévio do assunto, por parte do leitor (DAVIDSON, 1985).

Estes elementos, somados a outros indicados com mais precisão nas próximas subseções, contribuirão para responder à pergunta deste capítulo: as decisões judiciais são empiricamente compreendidas pela população? Entende-se que uma resposta

---

15 Indicadas no capítulo 1, subseção 1.2.1.

coerente pode ser obtida mediante uma abordagem experimental, consistindo esta, como já indicado na primeira seção, em determinar um objeto de estudo, definir uma variável que possa influenciá-lo e, por fim, estabelecer as maneiras de controlar e observar os efeitos que a variável escolhida produz no fenômeno estudado (GERHARDT; SILVEIRA, 2009).

Uma observação relevante diz respeito aos novos horizontes epistemológicos para a pesquisa empírica em direito. Isto porque, o olhar atento deste campo do conhecimento, de um ponto de vista multidisciplinar, não é, por si, evidente. Nos últimos anos, inúmeros estudos indicam que a utilização de várias disciplinas para a construção da ciência jurídica não é apenas necessária mas, também, fundamental. Já em 1993, no seu livro Law as a Social System (Direito como um Sistema Social, no original em inglês), Niklas Luhmann problematizava a possibilidade de um diálogo entre diferentes campos do saber científico, particularmente entre a Sociologia e o Direito.

A partir da proposta deste estudioso, pode ser formulada a seguinte pergunta: qual sistema observa o direito? Se tal questionamento é feito a partir do sistema jurídico, o conhecimento produzido é sobre o direito, elaborado por e para ele. Porém, se a observação é feita pelo sistema científico, a compreensão obtida é sobre o direito, mas produzido por e para toda a comunidade de cientistas (GARCIA, 2014).

Minha última hipótese da investigação aqui realizada foi a seguinte: *a compreensão dos textos jurídicos (acórdãos) melhoraria, caso fosse introduzida uma explicação sobre os termos técnicos utilizados na linguagem jurídica, mas seria mantida a diferença entre os(as) estudantes das diferentes áreas do conhecimento: os(as) da Ciência Exata (Engenharia) continuariam a apresentar melhor desempenho na compreensão do texto do que os das Ciências Humanas (Direito).* Para testar esta suspeita, foram a utilizadas as considerações teóricas indicadas na pesquisa e, além disso, a análise dos dados obtidos com a aplicação do experimento, com o fundamental auxílio da avaliação científica realizada pela Estatística.

Esta área do conhecimento, pertencente ao ramo das matemáticas aplicadas, é utilizada em experimentos científicos que têm por finalidade a organização, a coleta, a apresentação e a análise de dados. Igualmente, objetiva fazer inferências válidas e tomar decisões plausíveis com fundamento nas avaliações obtidas. Para esse efeito, esta pesquisa utilizou uma amostra representativa da população a ser estudada, bem como diferentes categorias ou variáveis, que nada mais são do que símbolos que podem assumir qualquer um conjunto de valores a ela atribuído. Também utilizou tabelas e gráficos para melhor visualização dos dados obtidos, entendidos como uma representação geométrica da relação entre variáveis (SPIEGEL; STEPHENS, 2009), a serem explicadas na próxima subseção.

Feitas essas considerações sobre as hipóteses a serem testadas, pode-se passar à definição do foco do experimento, bem como, ao seu desenho.

4.3. O desenho do experimento

O experimento realizado nesta pesquisa fez parte de um estudo levado a efeito em um projeto científico sob a denominação de "Compreensão de acórdãos por estudantes universitários: uma análise experimental". Para avaliar o grau de compreensão dos textos jurídicos por graduandos do nível superior, foram utilizados acórdãos judiciais disponíveis no sítio eletrônico oficial do Tribunal de Justiça do Distrito Federal e Territórios (www.tjdft.jus.br), tendo como critério de escolha das decisões a quantidade de processos em que as partes envolvidas aparecem.

Foi aplicada, previamente, a fórmula de inteligibilidade do texto (*Flesch Reading Ease* – termo indicado anteriormente), disponível no programa *Microsoft Word*, a qual leva em consideração alguns aspectos linguísticos, dentre eles a quantidade de palavras e suas extensões, o vocabulário e a estrutura redacional, para fazer uma previsão do grau de dificuldade de leitura de um texto, relacionando-o com o nível de escolaridade exigido para a sua compreensão.

Foram definidos dois grandes grupos de participantes. O primeiro, denominado *grupo de controle*, recebeu um acórdão, seguido de um questionário, no qual foram feitas perguntas ao leitor sobre o entendimento do texto, as quais deveriam ser respondidas com V (verdadeiro) ou F (falso). O segundo, denominado *grupo de tratamento,* recebeu outro acórdão, igualmente seguido de um questionário, no qual também foram feitas perguntas ao participante sobre a compreensão do texto mas, neste caso, antes do questionário, foram expostos conceitos sobre termos técnicos que se encontram presentes na decisão. Após a leitura do enunciado, é que ele responderia as perguntas sobre o entendimento do texto, as quais deveriam ser assinaladas com V (verdadeiro) ou F (falso).

Obtidas as respostas, os dados foram dispostos em gráficos, os quais indicaram qual o grau de dificuldade dos participantes na compreensão dos textos, possibilitando, entre outras finalidades, uma projeção de estratégias pedagógicas, fundamentadas em dados numéricos, que indiquem quais conteúdos devem ser produzidos como forma de influenciar o desempenho acadêmico, no sentido de sua melhoria.

Optei por aplicar o experimento em turmas de cursos superiores de diferentes de áreas do conhecimento, a saber, a Engenharia Civil, e uma ciência social, o Direito, a fim de avaliar se a compreensão do texto é a mesma para os futuros profissionais cujas ferramentas de trabalho incluem a leitura.

4.4. A metodologia

O experimento foi aplicado em turmas de graduandos em início e final dos cursos indicados, em uma faculdade particular, o Instituição de Ensino Superior (IES) do Distrito Federal. A seleção dos participantes foi feita mediante a colocação de cartazes nas dependências da mencionada entidade, convocando a participação dos alunos dos respectivos cursos, mencionando expressamente o nome do projeto, informando que a colaboração de cada pessoa no experimento seria respondendo um questionário relativo à compreensão de texto e que a duração aproximada do procedimento seria de trinta minutos. No convite, também foi indicado que, ao final da atividade, haveria o sorteio de um brinde: uma caixa de chocolates. Os experimentos foram aplicados no mês de agosto do ano de 2018.

Após a identificação de quem conduziria o experimento, foram entregues aos participantes três documentos. O primeiro deles, denominado Termo de Consentimento Livre e Esclarecido (TCLE), estava em conformidade com as normas para aplicação de experimentos em seres humanos, previstas no item II.1 da Resolução n. 196, de 10 de outubro de 1996 do Ministério da Saúde, no qual, expressamente, o sujeito da pesquisa, ou seu representante legal, manifesta sua anuência e autoriza sua participação voluntária na experiência, livre de vícios, tais como simulação, fraude ou erro, dependência, subordinação ou intimidação. Após explanar sobre o embasamento legal para a realização do experimento, os participantes foram orientados sobre a natureza da pesquisa, seus objetivos, métodos, benefícios previstos, potenciais riscos e o incômodo que a dinâmica poderia acarretar, bem como foram informandos que poderiam, a qualquer momento, desistir de participar da atividade. Ao final do questionário, havia um termo, no qual o participante deveria inserir o seu nome, assinar e datar.

No segundo documento, que é um demonstrativo do perfil dos participantes, estes deveriam informar, entre outros dados, algumas características pessoais: o sexo, o nível de escolaridade, a profissão, se possuía experiência profissional prévia e o número de horas semanais dedicadas à leitura de textos da área jurídica. O texto finalizava com quatro afirmações, nas quais os participantes deveriam assinalar se concordavam ou discordavam, total ou parcialmente, ou ainda, se nem concordavam ou nem discordavam do conteúdo ali descrito.

Os quatro enunciados eram os seguintes: a) a linguagem jurídica é bastante complexa e são necessários muitos anos de estudos para aprendê-la e dominá-la eficientemente; b) apenas pessoas graduadas em Direito compreendem a linguagem utilizada no mundo jurídico; c) decisões judiciais são simples de serem entendidas e compreendidas pela maioria das pessoas, com formação na área jurídica ou não; d) é importante que as decisões judiciais sejam entendidas pelas pessoas comuns – a quem se dirige o conteúdo da decisão – ou seja, escritas em linguagem simples e clara.

O terceiro documento era uma decisão judicial, de segunda instância, que se denomina acórdão, a qual deveria ser lida pelo participante. A seguir, cada indivíduo responderia um questionário, cujas respostas, como informado anteriormente, deveriam ser assinaladas com V (verdadeiro) ou F (falso) para cada item. As questões indagavam o participante se ele compreendeu o conteúdo das decisões. Eram cinco questionamentos relativos a dois acórdãos: o primeiro, considerado de fácil compreensão e o segundo, de maior complexidade. Ambos, avaliados conforme o tabelamento do teste de inteligibilidade.

No primeiro acórdão, de menor dificuldade, não havia qualquer explicação relativa aos termos técnicos utilizados na elaboração da decisão. Antes do texto do segundo acórdão, de maior dificuldade, havia explicações prévias relativas aos termos técnicos utilizados na linguagem jurídica.

A aplicação do experimento foi realizada mediante a randomização dos dois acórdãos, da seguinte forma: tanto o primeiro quanto o segundo tipo de decisão judicial, *sem o conhecimento dos participantes*, foi distribuído aleatoriamente para cada indivíduo e, desta forma, não houve escolha prévia de quem iria ler determinado julgamento e responder o respectivo questionário. Este procedimento foi feito para as turmas iniciais e finais dos dois cursos de graduação.

Ao término de cada procedimento, foi realizado o sorteio do brinde, da seguinte maneira: cada participante recebeu um pequeno pedaço de papel em branco para colocar apenas o seu nome e o inserir numa pequena urna. Após o último aluno terminar de responder o questionário, um deles foi convidado a escolher, aleatoriamente, entre os pedaços de papel que já estavam dobrados, apenas um que continha o nome do ganhador do prêmio. Sorteado o participante, imediatamente lhe foi entregue a caixa de chocolates.

Em cada turma escolhida para fazer a dinâmica, foi realizada apenas uma rodada de aplicação do experimento, tanto no período diurno, quanto no noturno. Constatou-se que o tempo médio de aplicação do teste, cronometrado a partir da entrega dos documentos para os respondentes até o último terminar de responder, foi de, aproximadamente, vinte e seis minutos, percebendo-se que as turmas do curso de Engenharia foram mais rápidas e levaram, em média, vinte e dois minutos para concluir a tarefa.

Tanto a respeito dos critérios para a realização do experimento, quanto em relação ao texto de cada TCLE, foram feitas, por parte do aplicador do teste, as devidas explicações, quais sejam: o objetivo do experimento, a garantia do anonimato de cada participante, a forma de participação de cada indivíduo, os benefícios esperados com a realização da pesquisa e o número de aprovação do projeto experimental, constante da página oficial da Plataforma Brasil (www.plataformabrasil.gov.br), no qual seriam posteriormente divulgados os resultados obtidos com o experimento, acessíveis a todos os participantes, caso desejassem.

Durante a aplicação dos experimentos, não houve nenhum questionamento, visando obter informações adicionais, pelos participantes, junto ao aplicador, sugerindo que as explicações prévias e os dados constantes dos documentos entregues foram suficientes para a compreensão das finalidades da atividade.

Após a finalização de todas as rodadas de aplicação do experimento e recolhimento dos documentos, o conjunto de respostas foi separado em pacotes, os quais foram identificandos em grupos: de controle e de tratamento, dos primeiros e dos últimos semestres dos cursos superiores de Direito e Engenharia. Todo o material foi entregue a uma empresa, a qual se encarregou de elaborar as tabelas e gráficos, visualizados a seguir, bem como fazer a análise estatística de todos os dados obtidos. Terminada esta avaliação, os resultados foram transcritos e incorporados ao presente texto. Antes de transformar os resultados do experimento num livro, foram realizadas várias considerações, do ponto de vista jurídico, para que fossem cumpridos os propósitos desta pesquisa.

Definidas as premissas, as hipóteses, o desenho e a metodologia utilizadas para a realização do experimento, na próxima seção demonstrarei os resultados com a respectiva análise dos dados obtidos.

5. Apresentação e Análise dos Resultados

Os dados, abaixo indicados, correspondem aos resultados dos experimentos aplicados, conforme a metodologia indicada no subitem 2.2.4. Para melhor análise e visualização, serão apresentados em duas grandes subseções. Na primeira, estarão dispostas as informações relacionadas ao perfil sociodemográfico dos participantes, obtidas por intermédio das respostas fornecidas no formulário preenchido por cada um deles.

Na segunda subseção, serão expostos os dados obtidos com a aplicação do experimento, referentes aos questionários respondidos por cada aluno. São informações predominantemente qualitativas, pois se referem especificamente à compreensão das decisões lidas por cada participante, bem como, aos resultados dos questionamentos formulados. Indicam, numa perspectiva empírica, qual o nível de inteligibilidade dos julgamentos do Poder Judiciário, por meio de gráficos com as conclusões das respectivas análises. Nesta parte da pesquisa é que os resultados das hipóteses formuladas na subseção 2.2.2 puderam ser empiricamente visualizados.

5.1. Dados descritivos do perfil sociodemográfico

Neste primeiro subitem, serão apresentados alguns dados obtidos a partir das respostas dos participantes, relativos aos seus dados pessoais. Considerando que ainda não se tratava de informações específicas do experimento, serão descritos apenas os aspectos mais relevantes.

A primeira indagação foi em relação à graduação, se o aluno já havia concluído o curso superior ou estava cursando. Como indicado, participaram do experimento estudantes dos cursos de Engenharia Civil e Direito, pois aquela variável relaciona-se diretamente com as hipóteses indicadas no subitem 3.2. Os dados obtidos estão indicados no gráfico 26, a seguir.

Gráfico 26

NOME DO CURSO

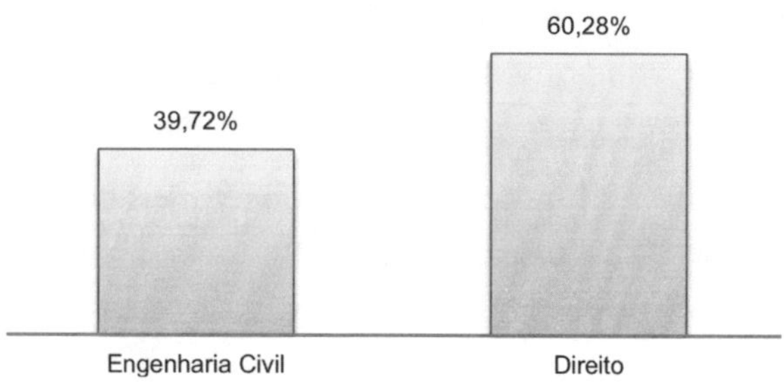

A participação, em termos percentuais, dos alunos do curso de Direito é consideravelmente maior do que a dos estudantes de Engenharia Civil, estando a primeira no patamar de 60,28% (85 alunos) e a segunda, em 39,72% (56 alunos). Por outro lado, durante a aplicação do experimento, notou-se que o tempo de resposta *médio* dos alunos de Engenharia (22 minutos) era menor que o dos discentes de Direito (26 minutos). Os graduandos da área de exatas respondiam mais rápido do que os de humanas.

Considerando que, para realizar cada tarefa do experimento, o participante teria de fazer a leitura de um texto, de imediato, já se percebeu a primeira característica que diferencia os dois grupos de estudantes, em relação ao desempenho. Por outro lado, e como indicado nas seções anteriores, deve-se levar em conta que a capacidade de aprender a ler é um dos recursos mais básicos do cérebro humano e que o indivíduo que adquire tal habilidade pode ser capaz de entender um conteúdo escrito, as *informações* nele contidas e não, necessariamente, compreender o significado de um texto. Isto porque, o termo compreensão, no contexto deste estudo, inclui diversos aspectos, tais como a interação com o texto, a percepção do leitor em relação ao seu teor, as experiências pessoais prévias e a aprendizagem, considerado como um complexo conjunto multifacetado (YOGURTÇU, 2013).

Como os textos utilizados para o experimento foram decisões judiciais, a suposição comum foi a de que os alunos que se matriculam num curso de Direito possuiriam maior competência de ler conteúdos jurídicos do que os estudantes de Engenharia Civil. Ocorre que pesquisas prévias já demonstram que tal hipótese baseia-se numa falácia denominada suposição de desenvolvimento de habilidades (indicada na subseção 2.2).

Erroneamente, os educadores jurídicos consideram que os estudantes do curso de direito possuem habilidades suficientes para a compreensão dos termos legais, que no processo de aprendizagem adquiriram conhecimentos que os capacitam a entender, com facilidade, os textos legais. Ocorre que, na realidade, a leitura de tais documentos é uma tarefa difícil para *quaisquer* graduandos (ARIFFIN, 2014).

Uma segunda variável, indagada dos participantes, diz respeito ao nível de escolaridade (graduação em andamento, graduado ou pós-graduado), tendo por pressuposto que tendo o aluno uma graduação superior prévia, presumiu-se a sua desenvoltura nas habilidades em leitura. Com relação a este tópico, foi apresentado o seguinte resultado, observado no gráfico 27.

Gráfico 27

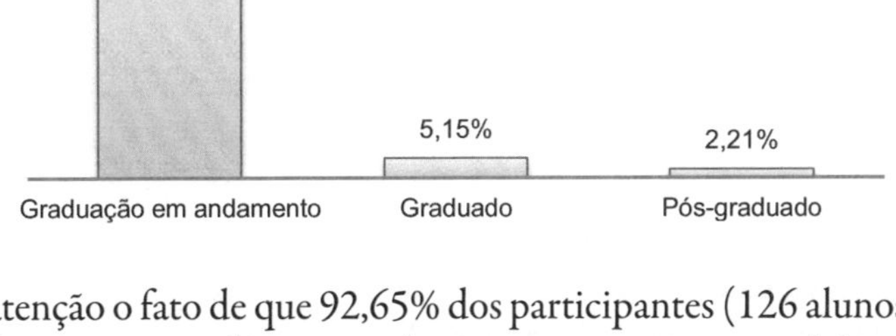

Chamou atenção o fato de que 92,65% dos participantes (126 alunos) cursavam a primeira graduação, sugerindo que, por haver um maior percentual de novatos no ensino superior, isso seria um fator-base para a dificuldade no entendimento das decisões judiciais, uma vez que este grupo de pessoas não estaria acostumado ou, simplesmente, não entenderia a linguagem técnica utilizada por juízes. Considerando os gráficos a seguir, tal suposição não foi confirmada.

Isto porque, o próximo componente do perfil dos respondentes indagou uma característica que pressupõe do participante do experimento, ao menos em princípio, que tenha a habilidade de leitura e compreensão de textos diversos e que este fator contribuiria para o melhor desempenho das tarefas diárias que lhe são atribuídas. Tal atributo se refere à profissão das pessoas que preencheram o formulário, cujos percentuais são indicados no gráfico 28.

Gráfico 28

Do total de alunos que participaram do experimento, 21,80% (29 alunos) exerciam atividades profissionais no setor privado e 15,79% (21 alunos) no setor público, fato que, por si, indicou que eles desenvolviam rotineiramente tarefas que requeriam leitura para que fossem cumpridas as demandas dos respectivos ofícios. Por outro lado, 60,9% (81 alunos) dos participantes declararam que desenvolviam outras atividades (autônomos não integrantes do setor público nem do privado, atividades não registradas). Apenas 1,5% (2 alunos) são militares.

Tais dados indicaram que a totalidade dos que participaram do experimento necessita da habilidade de compreensão de texto para um melhor desempenho profissional, sendo inevitável que, a todo momento, se deparem com algum documento escrito que deverá ser lido. Outro aspecto que chamou a atenção foi o fato de que nenhum respondente se declarou apenas como estudante. Ou seja, todos os participantes do experimento já estavam no mercado de trabalho e conciliavam o exercício da atividade profissional com os estudos, fazendo um curso de graduação. A necessidade destes estudantes em compreender textos escritos também foi identificada mediante a indagação do próximo item descritivo, no qual deveriam indicar se possuíam uma conta corrente em banco comercial, cujas respostas constam do gráfico 29.

Gráfico 29

PARTICIPANTES QUE TEM CONTA CORRENTE EM UM BANCO COMERCIAL

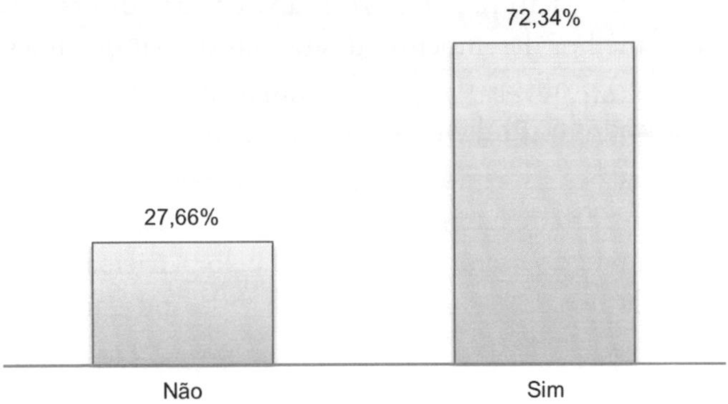

A comparação entre os percentuais de 72,34% (102 alunos) e 27,66% (39 alunos) indicou que a maior parte dos respondentes, por serem titulares de contas bancárias, não apenas tiveram que ler um ou mais documentos (geralmente na forma de contratos) para que os seus perfis fossem aceitos como correntistas junto às instituições financeiras, mas, que, diária ou semanalmente, eles precisavam consultar seus ativos, por meio de extratos fornecidos pelos bancos, dentre outros documentos, os quais são disponibilizados em formato impresso ou digital, por escrito.

No que se refere a esta característica, em particular, ou seja, ao fato de os participantes serem correntistas em instituições financeiras, aproveito para lembrar que na subseção 2.2 deste capítulo mencionei que foi por causa do movimento de defesa dos direitos dos consumidores, junto às instituições financeiras norte-americanas, que teve início outro importante movimento, em defesa da linguagem clara, um dos importantes aspectos avaliados neste estudo.

Muitos dos documentos bancários lidos pelos participantes da pesquisa foram elaborados por juristas, geralmente advogados, os quais são provavelmente mais sensíveis que qualquer outro grupo profissional à dimensão semântica da mensagem escrita, mas geralmente têm visão mais restrita em relação ao peso estrutural do conteúdo redigido.

Com isto, quero dizer que a clareza estrutural por parte de quem escreve documentos legais, a exemplo dos contratos bancários, raramente é encontrada, porque tais profississionais, ao elaborarem estes conteúdos, pouco definem os termos utilizados na escrita. Ao invés disso, quem redige estes tipos de documentos confia no contexto para indicar o significado apropriado entre alternativas de interpretação concorrentes (ALLEN; ENGHOLM 1980), o que também se observa nas decisões judiciais. Isto, em parte, explica a dificuldade da população em compreender os julgamentos do Poder Judiciário.

Outro dado relevante, revelado pelo experimento, foi que os respondentes possuíam prévia experiência profissional, mesmo que não fosse na área em que estavam fazendo as suas graduações. Esta informação se relaciona com as anteriores, no sentido de que o desenvolvimento de habilidades na leitura passa, também, pelas diferentes experiências de interação literária vivenciadas pelo participante, obtidas em seus empregos ao longo da vida. Os resultados quanto a esta indagação encontram-se no gráfico 30.

Gráfico 30

PARTICIPANTES QUE POSSUEM EXPERIÊNCIA PROFISSIONAL PRÉVIA (MESMO QUE EM OUTRA ATIVIDADE)

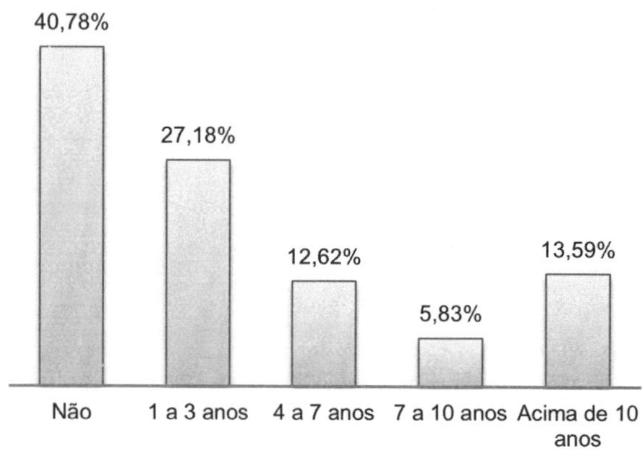

Do total de respondentes, 40,78% (42 alunos) declarou que não possuía experiência profissional prévia, o que, inicialmente, poderia ser considerado como uma influência significativa e direta na incompreensão das decisões judiciais, se a informação fosse analisada apenas pelo percentual obtido. Isso modificaria, significativamente, as conclusões da pesquisa. Porém, o somatório dos percentuais de 27,18% (28 alunos) e 12,62% (13 alunos), respectivamente, dos participantes com 1 a 3 anos e 4 a 7 anos de experiência profissional prévia, demonstrou que a diferença, em termos estatísticos, praticamente não existe.

O expressivo percentual de 13,59% (14 alunos), relativo aos respondentes com mais de uma década de atividades profissionais anteriores, indica que este grupo de participantes teve um grande acúmulo de vivências relativas à leitura, o que se refletiu nas respostas específicas dos questionários, como se verá adiante, sem contar com o percentual de 5,83% (6 alunos) dos que tinham experiência profissional pregressa entre 7 e 10 anos. Isso indicou que o fato de os participantes terem agregado um significativo conhecimento da linguagem, seja pela leitura ou pelos contatos com a escrita em suas respectivas profissões, não implicaria necessariamente no sucesso em compreender uma decisão judicial, como se observará nos resultados expostos na seção seguinte.

O próximo item, referente aos dados pessoais do participante, diz respeito à quantidade de horas semanais dedicadas à leitura de textos jurídicos. A importância deste aspecto se refere à suposição de que um respondente com maior quantidade de horas diárias dedicadas à leitura de documentos legais, hipoteticamente, teria maior capacidade de compreender uma decisão judicial, não apenas pela familiaridade com os termos técnicos mas, igualmente, com a estrutura e lógica textuais. Os resultados estão indicados no gráfico 31.

Gráfico 31

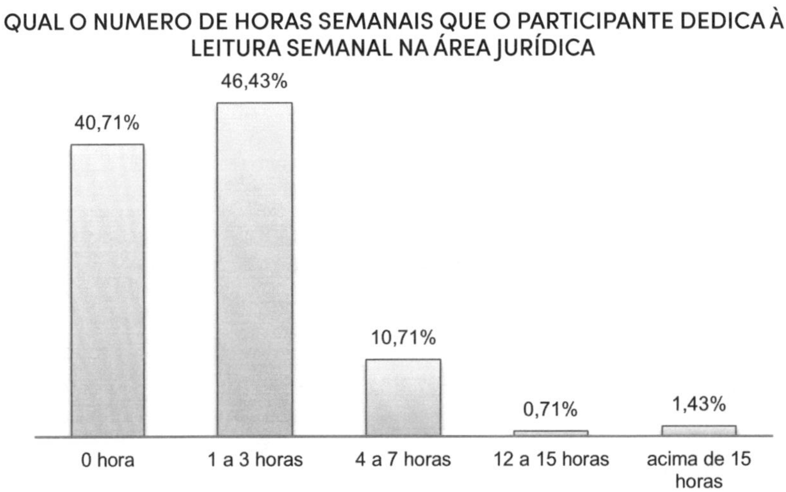

Do total de participantes do experimento, 87,14% responderam que dedicavam entre uma e três horas (65 alunos) ou não destinavam tempo algum (57 alunos) para leitura semanal de textos jurídicos. Tais números são relevantes, especialmente se comparados aos índices de respostas de outros respondentes que, somadas, não atingem 13%, pois apenas 10,71% (15 alunos) declararam que dedicam de 4 a 7 horas à leitura semanal de tais textos, enquanto que apenas 0,71% (01 aluno) dispensa entre 12 a 15 horas para esta atividade e uma parcela mínima, de 1,43% (02 alunos) se ocupa com a literatura jurídica, por 15 horas, ou mais, por semana.

Ao concluir o preenchimento do perfil sóciodemográfico, o participante se deparou com quatro afirmativas que, genericamente, tinham como pano de fundo, e principal finalidade, que ele indicasse se a clareza é um elemento de relevância no entendimento de uma decisão judicial. Mediante as respostas apresentadas, a seguir, já seria possível identificar os primeiros indícios que contribuíram para responder as perguntas formuladas no início deste capítulo.

Após a demonstração dos resultados quantitativos, ou seja, dos números totais de respondentes diante da primeira proposição, serão expostos os resultados qualitativos, nos quais são dispostas, graficamente, as respostas dos grupos de controle e tratamento, visto que a randomização feita nestes dois grandes conjuntos apresentou consideráveis variações nos resultados.

Na primeira das assertivas, foi afirmado a cada participante que a linguagem jurídica é bastante complexa e que são necessários muitos anos de experiência com os termos legais para aprendê-la e dominá-la de maneira eficiente. Nesta proposição, buscou-se a constatação de que o conteúdo do texto escrito (vocabulário e estrutura redacional) associado a um aprendizado prévio seriam fatores que contribuiriam para uma melhor compreensão de uma decisão judicial e, por extensão, da linguagem jurídica. Os resultados estão dispostos no gráfico 32.

Gráfico 32

A LINGUAGEM JURÍDICA É BASTANTE COMPLEXA E SÃO NECESSÁRIOS MUITOS ANOS PARA APRENDÊ-LA E DOMINÁ-LA

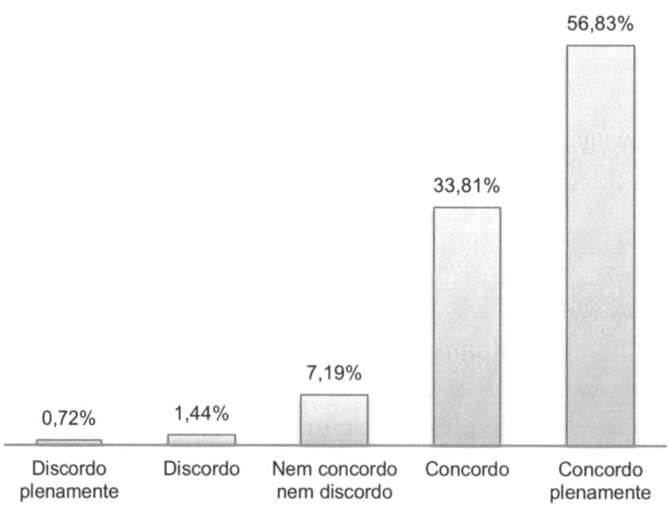

No gráfico acima, se forem consideradas apenas as opções dos que concordam total ou parcialmente com a afirmação indicada, um percentual acima de 90% dos participantes (79 alunos concordam totalmente – 56,83%; 47 alunos concordam parcialmente – 33,81%) considera que a linguagem jurídica é complexa, indicando que tal aspecto dificulta a compreensão desse tipo de texto. No extremo oposto, estão os que discordam, que não chega a 3% a taxa de respondentes (01 aluno discorda plenamente – 0,72%; 02 alunos discordam parcialmente – 1,44%) para os quais a compreensibilidade do vocabulário e/ou estilo utilizado nos textos jurídicos não é um elemento que impediria o entendimento de tais documentos.

O valor atribuído pelos respondentes a este primeiro quesito foi identificado nas pesquisas relativas à dificuldade de compreensão dos textos produzidos pelos operadores do direito, o que indica a necessidade de utilização de linguagem mais simples para melhor eficiência na comunicação. O que afeta o entendimento das decisões judiciais, das leis e dos regulamentos normativos é, justamente, a linguagem utilizada na formulação de seus enunciados. Este é o denominador comum que resolveria esta difícil equação.

Esta última, por sua própria natureza, já é de custosa assimilação, o que levou muitos estudiosos a criarem um termo, que numa tradução livre em português denomina-se juridiquês, indicado na subseção 1.2.3.2.1. Trata-se de uma expressão para a qual nunca foi elaborado um conceito específico ou uma descrição sistemática. Também não há um critério linguístico para avaliar se um texto está redigido naquela forma (CHARROW; CHARROW, 1979). O aspecto particularmente interessante e perigoso desta forma de comunicação é que ela é muito mais difundida do que a maioria das pessoas pensam e a falta de compreensão do significado de tais palavras pode impactar suas vidas de maneira significativa (CHARROW; CRANDALL, 1978).

O quadro de verificações das hipóteses indicadas nesta pesquisa começa a se definir associando o gráfico 32 aos seguintes, visto que os resultados obtidos nas respostas do participantes, quanto às assertivas, considerados conjuntamente com as respostas do Grupo de Controle (GC) e do Grupo de Tratamento (GT), apresentam significativas e importantes diferenças para efeitos deste estudo, os quais podem ser observados abaixo.

Como indicado no subitem 2.2.4, o GC recebeu uma decisão judicial, seguida por um questionário, o qual deveria ser respondido pelo leitor com V (verdadeiro) ou F (falso). No caso do GT, ele também recebeu uma decisão judicial mas, antes do acórdão, foram inseridos conceitos específicos sobre termos técnicos utilizados na decisão e, após a leitura dos enunciados, foram realizadas as perguntas ao participante sobre a compreensão do texto que, igualmente, deveriam ser respondidas com V (verdadeiro) ou F (falso).

Gráfico 33

A LINGUAGEM JURÍDICA É BASTANTE COMPLEXA E SÃO NECESSÁRIOS MUITOS ANOS PARA APRENDÊ-LA E DOMINÁ-LA

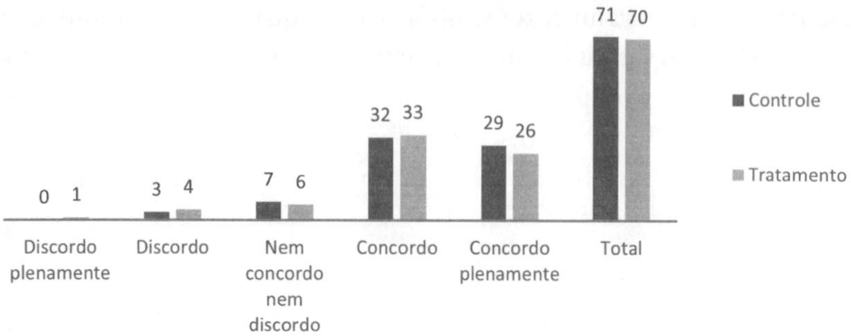

O gráfico 33 indica que no GC e no GT quase se obteve uma identidade de opiniões dos respondentes que concordam total (GC – 29 alunos; GT – 26 alunos) ou parcialmente (GC – 32 alunos; GT – 33 alunos) com a primeira afirmativa, representando 85,10% do total de participantes. Ou seja, tanto os que receberam uma decisão de menor grau de dificuldade quanto os que receberam a mais complexa, consideraram que a linguagem jurídica, de um modo geral, é complicada e requer longo período de aprendizado para ser melhor compreendida.

Já os participantes que discordam total (GC – 0 aluno; GT – 1 aluno) ou parcialmente (GC – 3 alunos; GT – 4 alunos), se somados, representam 5,67% do total de respondentes que entendem não haver dificuldade de compreensão textual com relação ao estilo de escrita utilizado pelos profissionais do direito, mesmo se considerada a randomização feita na aplicação do experimento. Por fim, os respondentes que nem concordam nem discordam (GC – 7 alunos; GT – 6 alunos), se somados, correspondem a 9,21% do total de alunos.

Os gráficos 32 e 33 confirmaram as inferências realizadas em vários estudos relativos ao uso da linguagem pelo operador jurídico. Isto porque, a maneira de conduzir o diálogo e a escolha do estilo de comunicação determinam a eficiência no campo da solução de disputas. Este procedimento requer o uso de métodos e abordagens de natureza pragmática, pela qual o emprego da linguagem não deveria ser explicado em termos de significado.

Do ponto de vista empírico, para os participantes do experimento, o principal aspecto a ser considerado não foi, necessariamente, o sentido abstrato de um termo jurídico, mas o significado das palavras e frases utilizadas em uma decisão judicial. Este fator deve ser percebido em termos de como as palavras são usadas diária e concretamente na linguagem (DRABARZ; TOMASZ; STEPHEN, 2017).

Os vocábulos, devido à sua função, representam um conjunto de mecanismos comunicativos que possibilitam a transmissão de mensagens entre os integrantes de uma determinada coletividade. No caso dos seres humanos, o processo comunicativo se dá mediante o uso de instrumentos simbólicos, aos quais são atribuídos significados específicos, ou seja, os signos linguísticos. Estes carregam consigo um potencial sentido, que pode definir o próprio ato de comunicação.

No caso dos textos jurídicos, o modo como os signos são articulados já implica em uma maior ou menor capacidade individual de transmissão de conteúdos correlacionados às próprias intenções implícitas de quem formula o discurso (COELHO, 2017). Ocorre que, formalmente, não há um acordo ou técnicas definidas que traduzam a linguagem utilizada pelo direito para a fala comum da população, o que naturalmente gera dificuldades em sua compreensão.

O segundo enunciado, feito ao final do formulário respondido por cada participante, afirmava que apenas pessoas graduadas em direito poderiam compreender a linguagem utilizada no mundo jurídico, por pressupor que tal grupo já dispõe de um vocabulário específico e de um hábito de leitura suficientes para esta finalidade. O gráfico 34 expõe os resultados deste experimento.

Gráfico 34

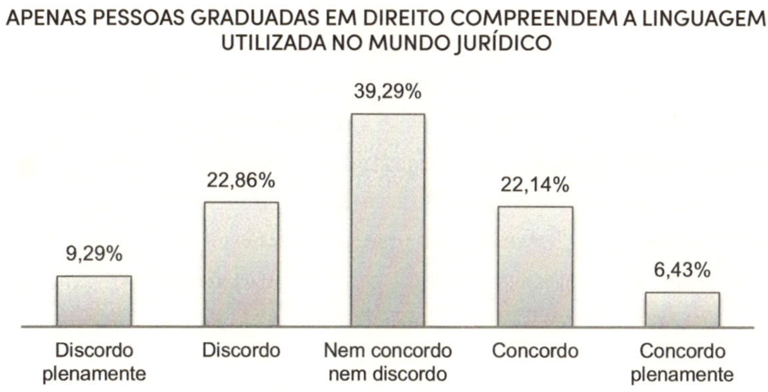

A suposição comum de que somente pessoas com a formação universitária em direito teriam condições de entender a linguagem jurídica não foi confirmada na aplicação do experimento. Diferente dos gráficos anteriores, o percentual de 39,29% (55 alunos) optou por nem concordar nem discordar com a afirmativa, indicando que para estas pessoas o simples fato de alguém possuir formação prévia naquele curso superior não é fator decisivo para entender uma decisão judicial.

Quanto a esta afirmativa, houve um relativo equilíbrio nas respostas dos participantes que discordam plena ou parcialmente (9,29% discordam plenamente – 13 alunos; 22, 86% discordam parcialmente – 32 alunos) e dos que concordam plena ou parcialmente (6,43% concordam plenamente – 9 alunos; 22,14% concordam parcialmente – 31 alunos), indicando que para tais grupos a formação universitária em direito (não) define a capacidade de compreensão de uma sentença ou acórdão.

Tais resultados refletem o desfecho de alguns estudos e experiências feitas com estudantes universitários, nos quais se constatou empiricamente que a habilidade de entendimento de textos depende de diferentes condições e elementos, dentre eles, a recuperação das palavras (ou seja, do vocabulário) em função da estrutura sintática constante das orações. Uma das conclusões é a de que a média dos estudantes de cursos superiores possui um nível de assimilação abaixo do desejado para obter conhecimentos necessários naquele nível educacional (SILVA; SANTOS, 2004).

Por outro lado, para os efeitos desta pesquisa era de grande realce saber qual a concepção de linguagem subjaz a uma decisão judicial, em particular aos acórdãos produzidos pelo Poder Judiciário, por se tratar do formato utilizado na aplicação do experimento. Basicamente, pode ser usado um enfoque instrumental, onde a relação entre a linguagem e o direito baseia-se na premissa de que o mundo jurídico utiliza a comunicação de uma maneira especial, a fim de chegar aos seus destinatários e, assim, haveria uma certa independência do direito em relação ao seu instrumento de interlocução.

Um segundo enfoque tem por definição que a linguagem não é um instrumento subordinado da lei. Por outro lado, a regra não se expressa por meio de sentenças linguísticas, mas o mundo jurídico é constituído *na* e *pela* língua. Para esta última concepção, está implícito na relação indicada, que a linguagem constrói o que é real, nele incluída a forma como os documentos jurídicos são elaborados (ROMÁN, 2008). Esta discussão pode ser inserida na comparação entre os resultados do gráfico 34 com os do próximo diagrama.

Gráfico 35

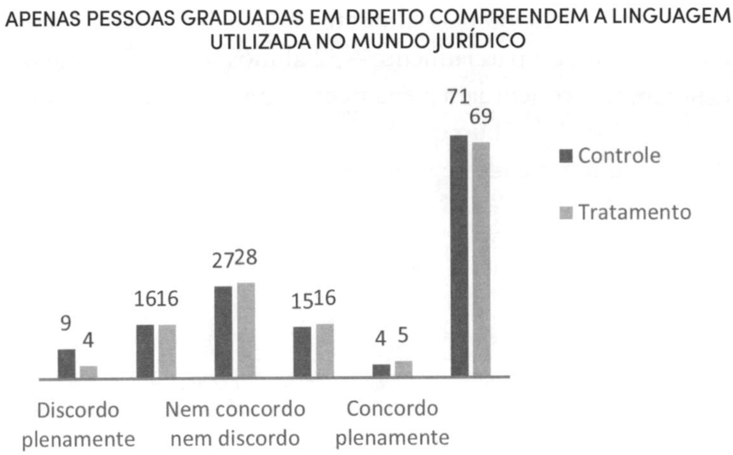

As informações do gráfico 35 demonstram haver um relativo equilíbrio entre o GC e o GT diante da afirmativa. Do total de participantes do GC (71 alunos), os que concordam totalmente (4 alunos) e concordam parcialmente (15 alunos), não difere, proporcionalmente, de modo significativo, daqueles que discordam totalmente (9 alunos) e discordam parcialmente (16 alunos). No GT (69 alunos), 4 alunos concordam totalmente e 15 alunos concordam parcialmente, frente a 9 alunos que discordam totalmente e 16 que discordam parcialmente.

Chamou a atenção o fato de que 27 alunos do GC e 28 alunos do GT (39% do total dos respondentes) não concordarem nem discordarem com a afirmativa, indicando que para estas pessoas uma prévia graduação superior no curso de direito não é fator determinante para se compreender a linguagem jurídica. Este resultado está ligado diretamente aos dados do gráfico 27, no qual 92,65% do conjunto dos participantes declararam estar cursando pela primeira vez o ensino superior.

A terceira afirmativa constante do formulário dos participantes do experimento propunha que as decisões judiciais são simples de serem entendidas e compreendidas pela maioria das pessoas, com formação jurídica ou não. Em tal assertiva, a pesquisa ampliou a possibilidade do respondente em se manifestar. Uma das considerações feitas por para ele, foi que a maior parte da população teria condições de assimilar o conteúdo de uma decisão judicial, estando ou não em um ambiente acadêmico do direito, cujos resultados são os seguintes.

Gráfico 36

DECISÕES JUDICIAIS SÃO SIMPLES DE SEREM ENTENDIDAS E COMPREENDIDAS PELA MAIORIA DAS PESSOAS COM FORMAÇÃO JURÍDICA OU NÃO

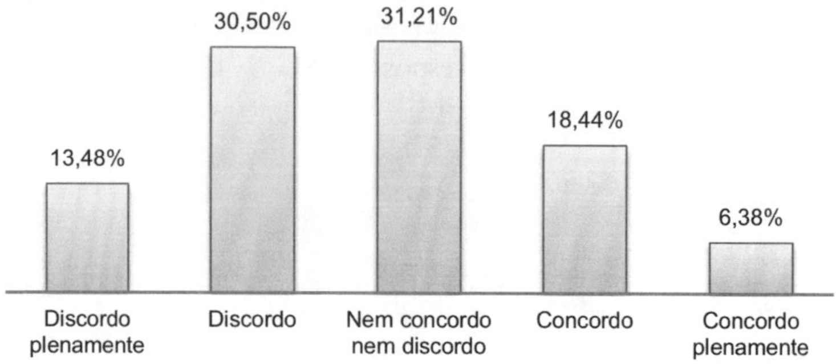

O gráfico 36 apresenta os primeiros dados evidenciando que os participantes do experimento, em sua maioria, não consideram as decisões judiciais de fácil entendimento, mesmo que uma pessoa tenha ou não uma graduação superior no curso de direito. Ao observar o diagrama, há uma significativa diferença entre os participantes que discordam total ou parcialmente da afirmativa (13,48% discordam plenamente – 19 alunos; 30,50% discordam parcialmente – 43 alunos) e os que concordam total ou parcialmente (6,38% concordam totalmente – 09 alunos; 18,44% concordam parcialmente – 26 alunos).

O percentual de 31,21% (44 alunos), referente aos participantes que nem concordam nem discordam com a assertiva, indica todos os alunos que consideram que as decisões judiciais, assim como qualquer outro texto, serão compreendidos, em maior ou menor proporção, em função de outros fatores, como experiências profissionais anteriores e não, necessariamente, por quem tenha formação universitária no curso de direito.

Tal hipótese está em sintonia com os dados presentes no gráfico 30, onde 59,22% dos respondentes (61 alunos) declararam que possuem experiência profissional prévia, variando entre 01 a 10 anos ou mais, não sendo concebível imaginar que, para a realização das atividades diárias nas respectivas ocupações remuneradas, a leitura de variados documentos, seja do campo jurídico ou não, é uma tarefa absolutamente dispensada.

O domínio pleno da leitura, aliás, é uma das finalidades do ensino básico e médio, previsto expressamente na legislação que estabelece as diretrizes e bases da educação nacional, que inclui, entre outros aspectos, o preparo do estudante para a futura atividade acadêmica no ensino superior e sua qualificação para o mercado de trabalho, tendo por objetivo, do ponto de vista individual, o bom desempenho profissional.

É o que, expressamente, prevê o art. 22 da Lei n. 9.394/96, ao estabelecer que "a educação básica tem por finalidades desenvolver o educando, assegurar-lhe a formação comum indispensável para o exercício da cidadania e fornecer-lhe meios para progredir no trabalho e em estudos posteriores". A regra indica que a progressão no campo profissional e em futuras atividades estudantis não seria possível sem o domínio pleno da leitura. Se consideradas as respostas do GC e do GT, diante da afirmativa mencionada, os resultados são os seguintes.

Gráfico 37

DECISÕES JUDICIAIS SÃO SIMPLES DE SEREM ENTENDIDAS E COMPREENDIDAS PELA MAIORIA DAS PESSOAS COM FORMAÇÃO JURÍDICA OU NÃO

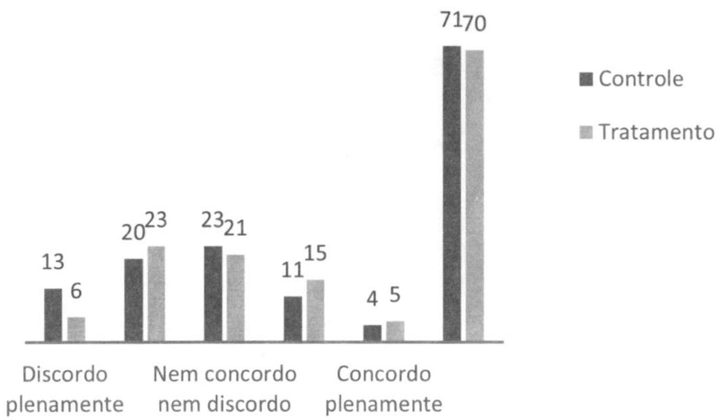

O gráfico 37 apresentou uma dispersão maior nos percentuais dos respondentes, prevalecendo a discordância em relação à afirmativa feita. Isso porque, do total de participantes do GC (71 alunos), 21,12% concordam total (4 alunos) ou parcialmente (11 alunos). No GT, 28,16% concordam total (5 alunos) ou parcialmente (15 alunos). Porém, do GC, 46,47% discordam total (13 alunos) ou parcialmente (20 alunos) e 41,42% no GT discorda total (6 alunos) ou parcialmente (23 alunos).

Tais números indicam a tendência majoritária dos respondentes em considerar complexa a linguagem das decisões judiciais, mesmo que se trate de leitores com ou sem formação acadêmica jurídica. Este dado revela que no processo de interpretação da linguagem, inclusive a utilizada no direito, a escolha do significado depende, entre outros, de valores incorporados por quem lê um texto.

No caso das decisões judiciais, a opção pelo sentido atribuído a uma regra é deixada a cargo do julgador, cuja autoridade para a escolha do significado é fornecida pelo próprio ordenamento. Porém, se trata igualmente de um ato de vontade. Sendo assim, o significado que lhe é atribuído não decorre apenas do fato de se conhecer uma norma que descreve a realidade.

Isso porque, o ato de interpretar também é uma ação cognitiva de captação de diferentes significados possíveis para uma lei ou regramento. Porém, o uso comum da linguagem também influencia esse processo hermenêutico, pois o sentido dos termos constantes na norma não se constitui de maneira absolutamente independente dos variados usos conferidos pela linguagem ordinária (SIMON, 2006).

Na última proposição, o respondente deveria se manifestar diante da assertiva na qual as decisões judiciais devem ser do entendimento das pessoas comuns, a quem se dirige o conteúdo da decisão, ou seja, necessitam ser escritas numa linguagem clara. Dito de outra forma, o enunciado indica que é importante que os julgamentos do Poder Judiciário sejam escritos de modo simples. Diante desta assertiva, recolhidas e ordenadas as respostas, foram obtidos os seguintes percentuais.

Gráfico 38

É IMPORTANTE QUE AS DECISÕES JUDICIAIS SEJAM DE ENTENDIMENTO DAS PESSOAS COMUNS - A QUEM SE DIRIGE O CONTEÚDO DA DECISÃO OU SEJA, ESCRITAS COM LINGUAGEM CLARA

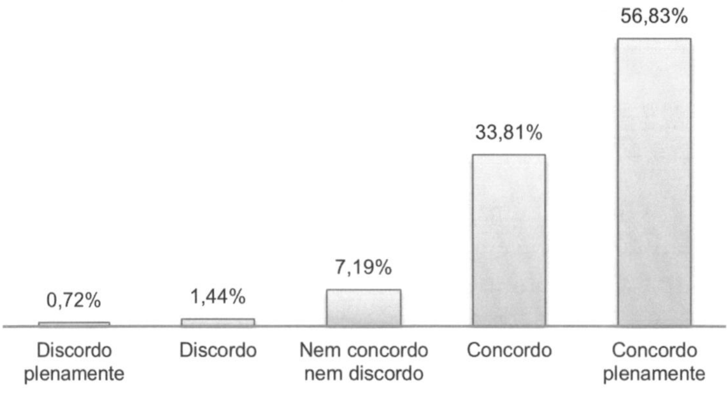

Das quatro assertivas, esta última apresentou os dados mais expressivos desta primeira parte dos resultados, bastando observar que do total de respondentes, 90,64% concordaram total (56,83% – 79 alunos) ou parcialmente (33,81% – 47 alunos) com a afirmação feita, indicando a importância que a clareza na informação de uma decisão judicial tem para que o leitor compreenda o seu significado. Por outro lado, não chega a 10% a taxa dos respondentes para os quais uma linguagem clara numa decisão judicial é indiferente ou não tem importância[16].

---

16 Dos respondentes que preencheram o formulário, 0,72% (1 aluno) discordou totalmente,

Além das premissas e definições constantes do primeiro capítulo, deve-se destacar que o significado da expressão *plain language* (linguagem clara, no original em inglês) não é destituído de um sentido específico ou, por outro lado, não apresenta elementos objetivos para defini-lo. Como considerações gerais, quem escreve em linguagem clara deve resistir ao apelo de parecer formal, usando para o texto o mesmo tom desafetado que usaria se estivesse falando pessoalmente com o leitor, bem como deve omitir detalhes desnecessários.

Para escrever de modo simples e claro, deve-se dar preferência às frases curtas e médias e não amontoar uma série de qualificativos antes da ideia principal, colocando a ação fundamental em verbos fortes e não em substantivos abstratos. Por fim, quem redige um texto em linguagem clara deve preferir palavras conhecidas (geralmente mais curtas), as quais são simples e diretas e, por outro lado, deve furtar-se a utilizar jargões desnecessários, a exemplo de latinismos como *res judicata* (coisa julgada – que em si mesmo não é de conhecimento da maioria da população) ou inter alia (entre outras coisas), comumente usadas em decisões judiciais (KIMBLE, 2006).

Desde a década de 1990, estão sendo realizadas pesquisas que indicam a necessidade de se escrever de uma forma que seja compreensível para a maior parte das pessoas, ou seja, que a comunicação escrita empregue uma linguagem clara na construção dos textos. Ainda se observam escritores, inclusive no direito, que não escolhem a precisão nem a clareza para a elaboração de seus conteúdos, gerando um grande debate sobre a real necessidade de se empregar definições ou termos técnicos nos documentos.

Os defensores do uso de uma linguagem mais técnica argumentam que ela, às vezes, é necessária. Por outro lado, muitas informações jurídicas podem ser indicadas de maneira mais simples, visto que os termos técnicos da arte são uma pequena parte de qualquer documento legal, representando menos de 3% do que foi encontrado em alguns estudos, o que não dispensaria a prática de escrever numa linguagem clara (KIMBLE, 1994). Os resultados demonstrados no gráfico 38 refletiram-se nos índices de respostas dos participantes do experimento, se considerados o GC e o GT, observadas no gráfico a seguir.

1,44% (2 alunos) discordou parcialmente e 7,19% (10 alunos) nem concordou nem discordou.

Gráfico 39

É IMPORTANTE QUE AS DECISÕES JUDICIAIS SEJAM DE ENTENDIMENTO DAS PESSOAS COMUNS - A QUEM SE DIRIGE O CONTEÚDO DA DECISÃO OU SEJA, ESCRITAS COM LINGUAGEM CLARA

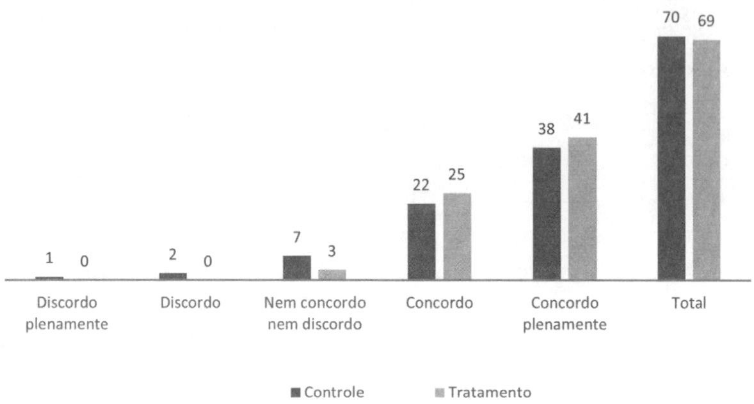

Os números constantes deste último gráfico e do diagrama anterior são os mais relevantes deste primeiro conjunto. O gráfico 39 indica que do total de participantes do GC (70 alunos), 85,71% concordam total (38 alunos) ou parcialmente (22 alunos) e apenas 12,85% discordam total (2 alunos) ou parcialmente (7 alunos) da proposição colocada no formulário.

Quanto ao GT, o fato de nenhum dos participantes que recebeu a decisão judicial de maior dificuldade de interpretação discordar da assertiva em questão, considerando importante que ela seja de entendimento comum, não deixa dúvida de que tal aspecto, para aquele grupo de respondentes, é fundamental num texto jurídico dessa natureza. Por outro lado, se for considerado que 95,65% do total de integrantes do GT (69 alunos) concordaram total (41 alunos) ou parcialmente (25 alunos) com aquele enunciado, conclui-se que uma linguagem jurídica clara seria, no mínimo, indispensável para tais leitores.

Apresentadas as conclusões do perfil sociodemográfico dos participantes, na próxima subseção serão demonstrados os resultados da aplicação do experimento, obtidos por meio de dos questionários apresentados a cada respondente e que expõem o nível de entendimento pessoal das decisões judiciais.

5.2. Dados descritivos das respostas aos questionários

Nesta subseção apresento os resultados descritivos específicos desta pesquisa, com a finalidade de confirmar as hipóteses formuladas no subitem 2.2. Para melhor visualização, dispus os gráficos em subitens próprios de cada cenário, apresentando sequencialmente as conclusões do grupo de controle e as do grupo de tratamento, nesta ordem.

Os acórdãos e questionários foram randomizados para todos os participantes, tanto do curso de Engenharia Civil quanto de Direito e, desta forma, não houve escolha prévia do aplicador do experimento em relação a quem iria respondê-los. Já, a partir da introdução deste capítulo e em vários outros momentos, foi explicado o sentido do termo randomização, motivo pelo qual não são necessárias informações adicionais.

Considerando que cada respondente deveria optar entre V (verdadeiro) e F (falso) e que nos questionários do Grupo de Controle (GC) e do Grupo de Tratamento (GT) havia cinco perguntas, o desempenho dos grupos nos gráficos apresentados, nesta etapa, também serão expostos em números, correspondendo ao índice de acertos de cada item, que varia entre 0,0 e 10,0. O diagrama abaixo indica os percentuais gerais de participação dos dois grandes grupos para os quais foi realizada a randomização.

Gráfico 40

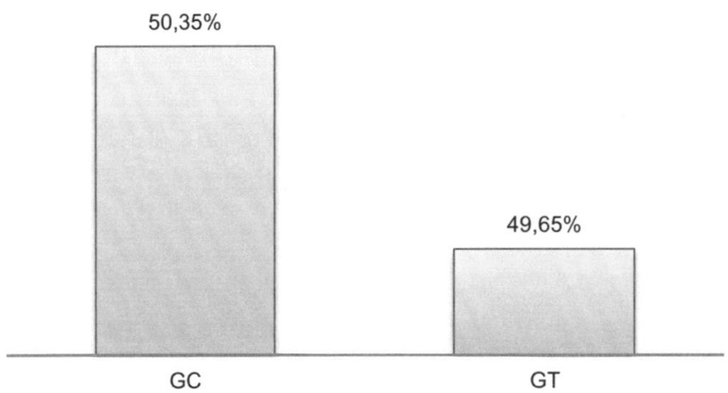

O gráfico 40 indica que 50,35% (71 alunos) do total de participantes respondeu ao questionário, relativo ao acórdão, considerado de menor dificuldade de compreensão, porém sem uma explicação prévia dos termos técnicos utilizados na decisão judicial. Já 49,65% (70 alunos) responderam às perguntas referentes ao acórdão avaliado como de maior complexidade em seu entendimento, porém com a leitura de um texto prévio esclarecendo do que se tratavam as expressões utilizadas no julgamento.

Isso significa que tanto alunos do curso de Direito quanto os de Engenharia Civil participaram, numa proporção bastante equivalente, da aplicação do experimento. Tal característica da experiência realizada neste estudo faz com que os resultados obtidos se adequem à premissa deste tipo de abordagem, visto que o objetivo do pesquisador é avaliar o efeito causal de uma ação que, nesta pesquisa, era a compreensão de uma decisão judicial e as escolhas dos participantes quando questionados sobre o seu conteúdo.

Nos últimos anos, de maneira semelhante aos experimentos sociais, os mais recentes testes de campo aplicaram a randomização para pessoas a fim de obter informações, bem como esforçaram-se em executar a atribuição aleatória de variáveis em populações e situações de ocorrência natural, geralmente sem os participantes terem ciência de que eles são parte de um experimento (LEVITT; LIST, 2008).

No caso deste estudo, todos os respondentes foram expressamente informados que se tratava de uma pesquisa científica, bem como, de um experimento, *porém nenhum deles tinha conhecimento de que houve a randomização dos questionários*. Com isso, foi cumprido o propósito ou conceito básico da pesquisa experimental, em que o conjunto dos dados aqui demonstrados foram obtidos pela manipulação constante em uma variável, ou seja, a explicação prévia de termos jurídicos.

Pelo manejo de tal aspecto, os participantes do experimento foram aleatoriamente designados para diferentes tipos de tratamento e os resultados, então, observados. Assim, a proposição apresentada nesta investigação, mediante uma abordagem experimental, relacionou causa e efeito por meio da manipulação no GT e, por outro lado, controlou os efeitos indesejados de variáveis externas. Exemplo disso é que só foram autorizadas a participar pessoas que fizessem parte do público-alvo, ou seja, alunos dos cursos superiores de Engenharia Civil e do Direito.

HIPÓTESE 1

A primeira suposição a ser testada foi se os estudantes que iniciaram a graduação superior apresentavam uma dificuldade de compreensão das decisões judiciais (acórdãos) maior, em relação aos alunos dos últimos períodos universitários, nos respectivos cursos. Nos subitens 2.2.3 e 2.2.4 foram indicados o desenho e a metodologia de aplicação do experimento, aos quais se remete o leitor. O próximo gráfico apresenta os índices de acerto dos respondentes, considerando o ano em que o aluno iniciou seus estudos na graduação.

Gráfico 41

O período compreendido entre os anos de 2010 e 2018 foi adotado como razoável, tendo por premissa que os cursos superiores, sob análise, se desenvolvem oficialmente em cinco anos, abrangendo alunos que ainda não concluíram o curso ou que já obtiveram a sua titulação nas respectivas graduações. Isto se deve a algumas razões, desde eventuais trancamentos de matrícula por questões financeiras ou pessoais, passando pela mudança da instituição de ensino, com posterior retorno, até o reenquadramento de disciplinas de alunos que vieram de outras faculdades.

O gráfico 41 relaciona o ano de início do curso, o índice de acerto de resposta, o GC e o GT. Percebe-se que, em praticamente todos os anos, a taxa de acerto do GT é superior em relação à do GC. O único caso em que os números do GC foram superiores aos do GT foi o dos participantes que iniciaram seu curso no ano de 2016. Porém, neste caso, não houve declaração de qualquer respondente do GT que tenha iniciado seu curso superior naquele mesmo período, o que explica esta circunstância específica.

Tal diagrama evidencia que, em média, os participantes veteranos do GT, dos cursos em questão, tiveram melhor desempenho do que os respondentes menos experimentes do mesmo GT. Por outro lado, observa-se que os índices de acerto do GC, dos alunos que iniciaram a graduação em anos anteriores, igualmente são superiores aos dos colegas do mesmo grupo, em anos mais recentes.

O gráfico 41 também indica uma progressiva redução nos índices de acerto dos respondentes. Em números isolados, a comparação entre os anos de 2010 (GC – 7,33; GT – 9,00) e 2018 (GC – 6,16; GT – 7,33) mostra uma queda nas taxas de correção nas respostas, revelando que ao responder de maneira incorreta, os participantes novatos, no ensino superior, demonstraram não compreender o sentido do texto lido, independente do curso em questão (Direito ou Engenharia Civil).

Em apenas uma das taxas constantes do gráfico analisado é possível observar um quantitativo de acertos de alunos iniciantes superior ao dos mais antigos, a saber, no ano de 2016, quando os respondentes do GC obtiveram 8,00, lembrando que para este grupo foi apresentada a decisão judicial de menor dificuldade de compreensão. Por outro lado, para aquele mesmo período não houve registro de participantes que declararam em qual ano iniciaram os seus cursos.

Outro aspecto demonstrado no gráfico é a considerável redução nos índices de acerto a partir do ano de 2017 (GC – 5,20; GT – 6,00) com uma leve melhoria no ano de 2018 (GC – 6,16; GT – 7,33) mas que, em conjunto, não superam os resultados dos outros anos, nos quais os alunos mais antigos, mesmo com variações nos padrões de desempenho, sempre mantiveram suas taxas acima dos colegas neófitos.

Deve-se notar, porém, que em nenhum dos anos considerados, algum grupo de participantes (GC e GT) conseguiu atingir um índice máximo de acertos. Dito de outra forma, todos os respondentes não obtiveram êxito total de compreensão dos textos, com consequente grau absoluto de correção. Este último aspecto, constatado pela observação dos números do gráfico 40, permite fazer três afirmações quanto ao conteúdo das decisões utilizadas no experimento.

De um modo geral, haverá maior ou menor compreensão de um documento escrito, na medida em que o seu autor seguir alguns princípios que geram efeitos no ato da escrita. Isto porque, a inteligibilidade de um texto diz respeito à motivação, ao nível educacional e a experiência prévia dos leitores. No entanto, deve-se ter mente quais são as finalidades ou propósitos do material elaborado. Finalmente, a compreensão de uma obra se relaciona diretamente com a escolha das palavras familiares ao leitor, a construção de frases mais curtas e o uso de um estilo de escrita de interesse do público-alvo (KLARE, 1963).

Os resultados do gráfico 40 demonstraram que a randomização utilizada no experimento produziu informações de caráter mais acertado do que provavelmente o faria uma avaliação não aleatória das decisões judiciais em questão. Isso porque, os testes randomizados oferecem diretrizes para conduzir atividades experimentais com sucesso, considerando vários obstáculos, inclusive os éticos (ABRAMOWICZ, 2011). A questão ética é um dos elementos considerados na elaboração do projeto e na aplicação dos questionários, materializada no termo de consentimento apresentado aos participantes.

Os números dispostos no diagrama 41 permitem afirmar, ainda, que a inteligibilidade das decisões em questão foi insuficiente para que os integrantes da atividade experimental assimilassem o conteúdo das informações textuais. Dito de outra forma, os alunos simplesmente não conseguiram entender, ao menos totalmente, o que estava escrito nos julgamentos.

Esta afirmação relaciona-se com um aspecto de grande importância, a saber, a clareza da linguagem jurídica. Algumas pesquisas indicam que é impossível alcançar a absoluta percepção de uma regra legal, visto que o seu entendimento depende da própria expressão textual aberta e, assim, a norma está sujeita a um certo grau de indefinição.

Assim, haveria um consenso entre os profissionais do direito de que é necessária alguma interpretação dos textos jurídicos na aplicação de um comando abstrato (ou hipótese de lei) em um processo judicial, que é o instrumento de composição e solução dos conflitos. Para tal finalidade, foram elaborados vários métodos e abordagens hermenêuticas, não havendo uma técnica interpretativa que se possa denominar como sendo a melhor ou mais eficiente. Ocorre que os Tribunais, ao proferirem suas decisões, frequentemente se afastam ou ignoram o significado comum das palavras, aplicando os conceitos técnicos juridicamente relevantes de um determinado termo (ACCETO, 2013). Por outro lado, a interpretação de um conceito jurídico poderia auxiliar o processo comunicativo entre o Poder Judiciário e a população em geral, considerando as mutações das circunstâncias nas quais os significados são atribuídos.

Considerando tal raciocínio, ao longo da atividade desenvolvida pelos magistrados, eles podem se valer de mais de uma definição de direito e há vários exemplos de termos cujos sentidos foram alterados, tais como matrimônio, morte e abuso sexual, e isso ocorreu, como já informado, pelas diferenças do uso da linguagem realizada *pela* e *para* a sociedade. A interpretação do direito, desta forma, agregaria novas possibilidades, levando em conta o processo totalmente dinâmico dos fenômenos sociais, permitindo atribuir novos significados aos textos jurídicos e ampliando o reconhecimento do que é justo para cada demanda levada a julgamento.

Associar o significado do direito aos usos da linguagem ordinária implica em aceitar que ele formaria parte da fala comum. Desta forma, recorrer aos usos da semântica ordinária, apesar de não garantir uma absoluta efetividade na interpretação dos termos jurídicos, ofereceria um grau maior de certeza ao propor certa objetividade, no sentido de não utilizar conceitos, terminologias e sentidos desconhecidos da maioria das pessoas, mesmo quando resulte insuficiente para certas decisões nos processos judiciais (GORRA, 2017).

HIPÓTESE 2

A segunda hipótese testada era se os estudantes dos últimos anos de uma ciência exata (a Engenharia Civil), apresentariam melhor compreensão das decisões judiciais dos que os alunos de uma ciência humana (o Direito). Como dados gerais, o gráfico a seguir relaciona o quantitativo de respondentes do GC e do GT com o ano de início do curso.

Gráfico 42

ANO DE INÍCIO DO CURSO E QUANTITATIVO DE ALUNOS

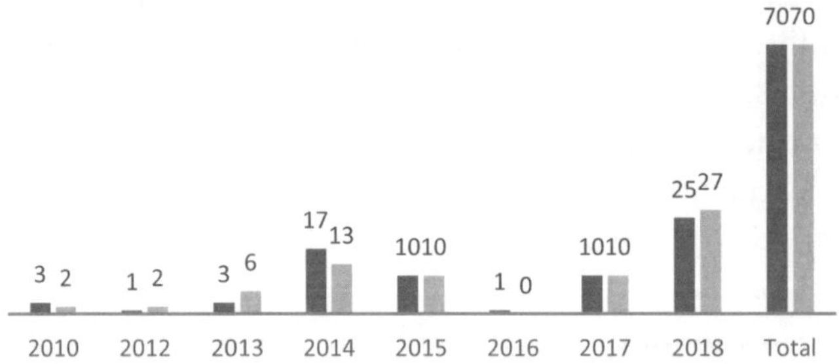

Pela simples leitura deste diagrama, percebe-se que o quantitativo dos respondentes dos GC e GT concentram-se nos anos de 2014, 2015, 2017 e 2018. Este último, por sua vez, apresenta números de participantes relativamente superiores aos dos outros anos, indicando que os alunos que responderam aos questionários são novatos e, supostamente, teriam maior dificuldade em compreender a complicada linguagem utilizada em decisões judiciais.

Considerados apenas estes valores, o diagrama sugere que os percentuais gerais de acertos nos questionários seriam numericamente inferiores. Já que a maioria dos respondentes era composta de alunos com menos experiência, eles não teriam condições de entender um texto jurídico de maneira eficiente. Ocorre que as informações do gráfico 42, seguindo a metodologia utilizada, se insere num contexto de comparação com outros resultados, o que pode ser observado no próximo diagrama. Ele relaciona os índices de acerto, o semestre (1º ao 10º) em que o respondente se encontra no respectivo curso e os grupos do experimento.

Gráfico 43

ÍNDICES DE ACERTO POR SEMESTRE E GRUPOS

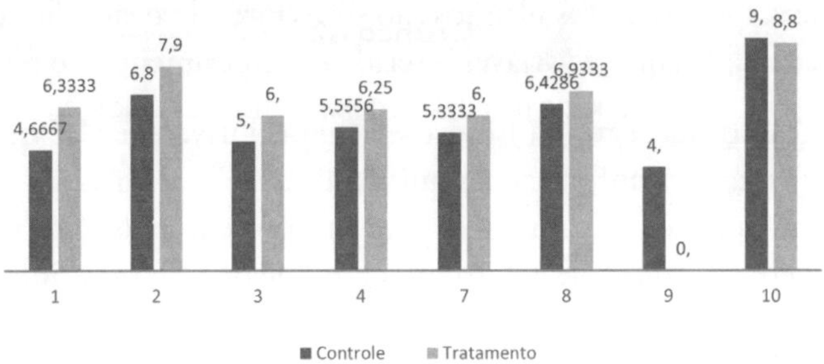

O gráfico 43 indica que as taxas de acertos dos alunos do décimo semestre foram consideravelmente superiores, seja no GC (9,00) ou no GT (8,80), aos dos períodos anteriores. Em contrapartida, houve uma relativa uniformidade dos índices responsivos entre o terceiro e o oitavo semestres, mas, nestes casos, as taxas do GT sempre foram maiores do que as do GC.

Chamou atenção o fato de que os índices de correção dos respondentes do segundo semestre (GC – 6,80; GT – 7,90) foram maiores do que os dos colegas dos próximos períodos. Como dito, a expectativa era a de que, no início do curso, o graduando ainda não tivesse a habilidade em leitura suficiente para entender de maneira eficiente um acórdão, o que não se verificou. O próximo diagrama apresenta os resultados comparativos dos cursos, relacionando o índice de acertos dos alunos de Engenharia Civil e de Direito com os grupos de controle e tratamento.

Gráfico 44

ÍNDICE DE ACERTOS POR CURSO E GRUPO

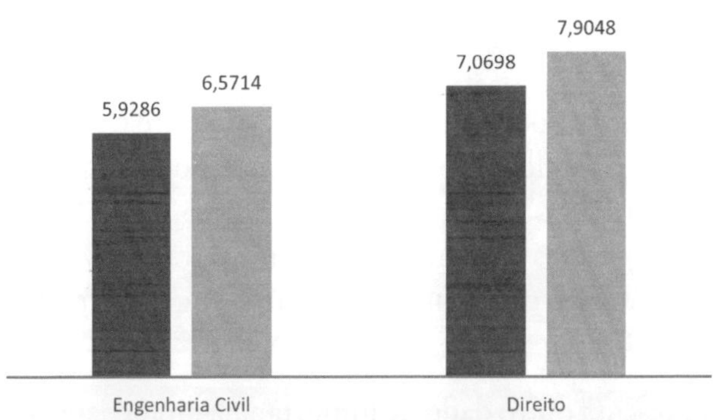

A leitura do gráfico 44 expõe os índices de resposta dos grupos de controle do curso de Engenharia Civil (5,93) e de Direito (7,07) os quais, se comparados com os grupos de tratamento dos mesmos cursos, respectivamente 6,57 e 7,90, indicam que as taxas de respostas destes últimos são superiores. Isso significa que existe uma relação de causalidade entre a variável inserida no experimento e o resultado obtido.

Na elaboração desta segunda hipótese, a expectativa era a de que no grupo de tratamento, a inserção de informações que explicassem para o leitor os termos técnicos utilizados na decisão contribuíssem para a uma melhor compreensão e, assim, os respondentes teriam índices de acerto maior, o que de fato se verificou. Estas correlações ficam ainda mais evidentes pela leitura do próximo diagrama, que relaciona a quantidade de alunos por curso, os percentuais de acerto e os grupos participantes.

Gráfico 45

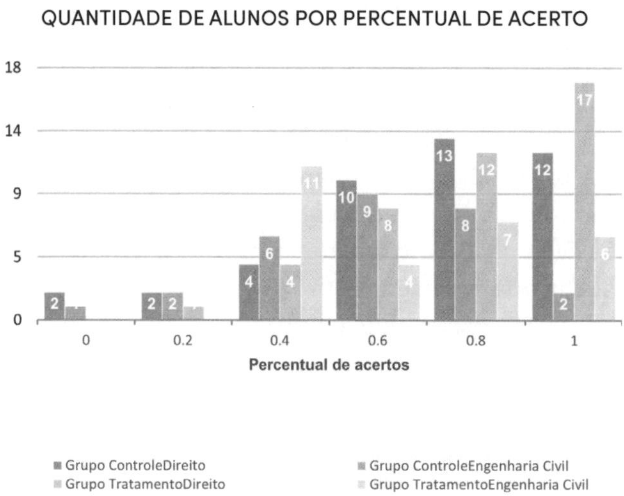

Do total de 43 alunos respondentes do curso de Direito do GC, a média de acerto foi de 70,70%, superior à obtida pelos 28 alunos respondentes do curso de Engenharia Civil daquele mesmo grupo, cuja taxa foi de 59,29%. Já no GT, o percentual dos estudantes da ciência jurídica (42 alunos) teve uma significativa performance de correção de 79,05%, enquanto o conjunto de futuros engenheiros do GT logrou uma porcentagem de 65,71%.

O gráfico 45 apresenta outro dado de importância direta para este trabalho, o qual contribui para confirmar, em parte, a terceira hipótese, a ser indicada na subseção seguinte. Invariavelmente, quer se trate de alunos iniciantes (GC do Direito – 61,60%; GC da Engenharia 53,33%) ou veteranos (GC do Direito – 83,33%; GC da Engenharia – 60,00%) dos cursos participantes do experimento, houve considerável melhora nas médias de acertos dos respondentes do grupo de tratamento.

No caso do Direito, a pontuação dos novatos do GT subiu para 73,08%, enquanto os níveis de acerto dos neófitos do curso de Engenharia Civil atingiram 60,00%. Já para os veteranos do GT de Direito, a taxa foi de 88,75%, mas para o GT dos colegas mais experientes da Engenharia Civil a porcentagem foi de 66,40%.

HIPOTESE 3

A última hipótese a ser testada tinha o objetivo descobrir se a compreensão dos acórdãos melhoraria, caso fosse introduzida uma explicação prévia sobre os termos técnicos utilizados na linguagem jurídica, mas seria manteria a diferença de desempenho entre os estudantes dos diferentes cursos. A dúvida era se os alunos da Engenharia Civil continuariam a apresentar melhor desempenho na compreensão do texto do que os alunos do Direito, considerando inclusive diversos aspectos do perfil, previamente informados, por cada participante. Em doze itens, observou-se a diferença nos índices de resposta do GC e do GT, a começar pelos percentuais indicados no gráfico 44.

Gráfico 46

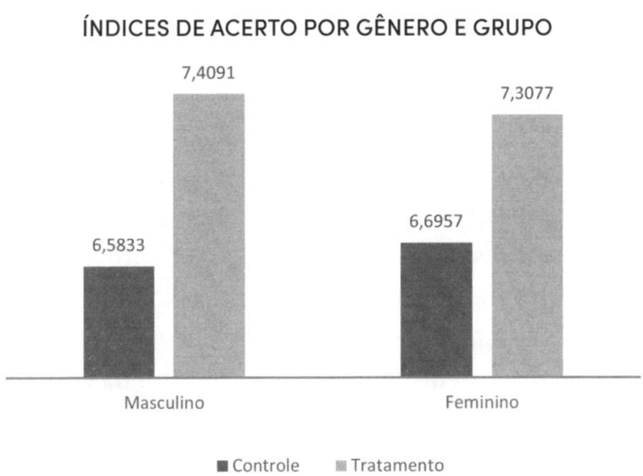

O gráfico 46 expõe os índices de resposta por gênero, no qual se observa que as taxas de resposta do público feminino no GC (6,70) é superior às do masculino (6,58), ocorrendo o inverso no GT, no qual o público masculino (7,41) teve taxas superiores ao feminino (7,31). Em todos os casos, porém, se verificou que havia uma significativa diferença nas opções feitas por indivíduos que não receberam explicações sobre os termos técnicos da decisão judicial e aqueles as tiveram. Dito de outra forma, tanto no GT feminino quanto no masculino houve melhor compreensão das decisões, o que se refletiu nos índices de acerto dos participantes.

O próximo diagrama expõe os índices de respostas dos participantes que declararam possuir uma prévia experiência profissional. Como dito, o fato de o respondente já ter uma atividade remunerada anterior leva a supor que, para o seu melhor desempenho, ele praticou a leitura de diversos documentos e conteúdos e, assim, possivelmente entrou em contato com textos jurídicos, o que facilitou a sua compreensão.

Gráfico 47

ÍNDICES DE ACERTOS POR EXPERIÊNCIA PROFISSIONAL PRÉVIA E GRUPO

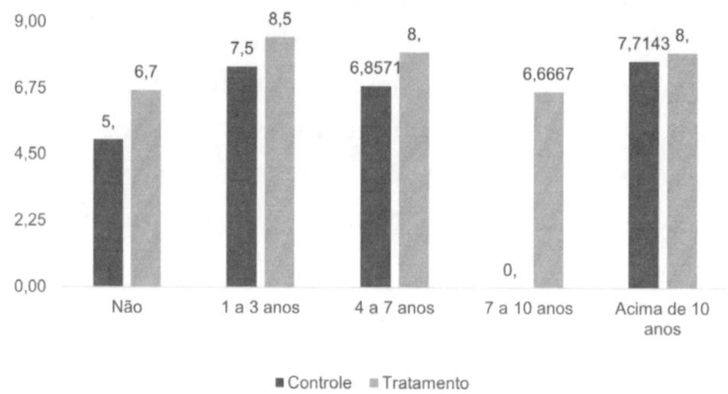

No gráfico 47 percebe-se a superioridade dos índices de resposta do GT em comparação com os do GC não, apenas, em todos os cenários de participantes que declararam possuir experiência profissional prévia, mas igualmente no caso dos respondentes que afirmaram não estarem inseridos no mercado de trabalho. Neste último, inclusive, há uma considerável diferença, pois a taxa de acerto do GT (6,70) dos alunos que não trabalham indicou que tiveram um melhor desempenho na compreensão da decisão judicial do que os alunos do GC (5,00).

Nas respostas de apenas três itens do perfil dos respondentes não foram observados índices de acerto do GT superiores aos do GC. Aqui, foram considerados o nível de escolaridade, a profissão e a faixa etária da genitora e os resultados, com os respectivos percentuais, são apresentadas nos próximos diagramas.

Gráfico 48

ÍNDICES DE ACERTOS POR NÍVEL ESCOLAR E GRUPO

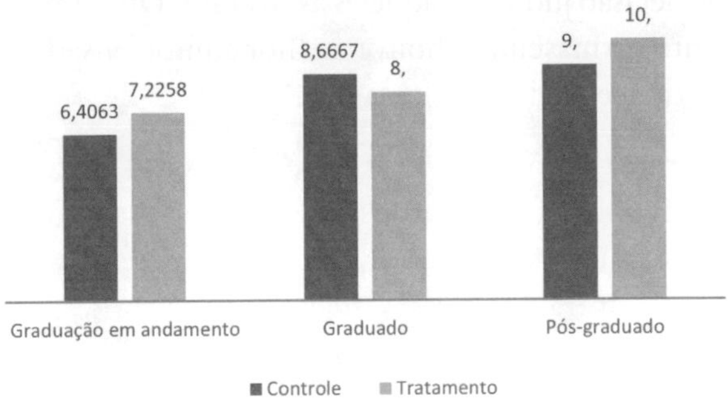

O gráfico 48 expõe os índices de acertos dos participantes ao declararem o seu nível de escolaridade. Nele, a única ocorrência em que a taxa de correção do GC (8,67) é maior do que a do GT (8,00) foi no conjunto de respondentes que já possuíam um curso superior prévio e, mesmo assim, a diferença não chega a ser significativa. Se comparada esta situação com os participantes da graduação em andamento (GC – 6,41; GT – 7,23), nota-se que o desempenho dos novatos foi superior.

Chamou especial atenção, o comportamento dos alunos que declararam serem pós-graduados. Isto porque, foi o único caso desta pesquisa em que a taxa de acertos foi máxima, particularmente pelo fato de que se referiu ao grupo de tratamento, o que não se verificou em nenhum outro cenário responsivo. Isto significa que até mesmo todos os outros estudantes, com ou sem graduação prévia, integrantes do GT, não foram bem sucedidos na compreensão das decisões, o que somente ocorreu com aqueles que já tinham experiências anteriores com leitura de textos de alto nível de complexidade.

Estes resultados, obtidos com a prática da randomização, estão em sintonia com outras pesquisas que indicam a necessidade da adoção de experimentos de atribuição aleatória de textos jurídicos como uma ferramenta para testar a sua compreensão e eficácia. Assim como a randomização é o método mais poderoso para testar o efeito causal de produtos farmacêuticos, por exemplo, os testes randomizados de diferentes normas em indivíduos ou populações pode ajudar a resolver a incerteza sobre as consequências daquelas regras (ABRAMOWICZ, 2011). O próximo diagrama expõe os resultados dos testes, relacionando os setores profissionais dos participantes e os grupos de randomização.

Gráfico 49

ÍNDICES DE ACERTOS POR PROFISSÃO E GRUPO

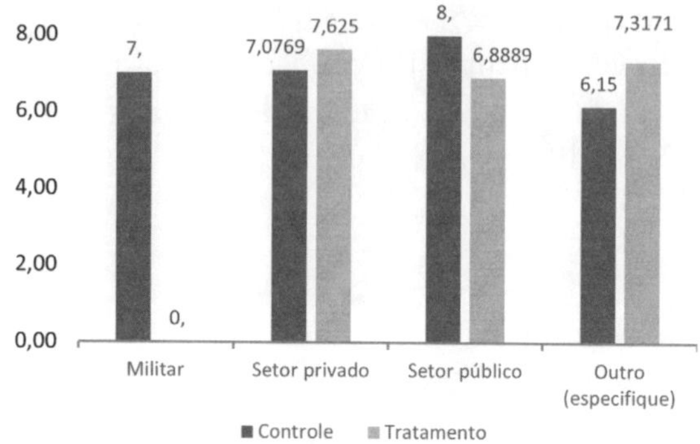

Analisados em conjunto, os índices do gráfico 49 apresentam uma relativa equidade nas respostas do GC e do GT. Inicialmente, não há registro de respondentes no GT, de declarantes militares, pelo simples fato de que não houve participantes daquele grupo nesta categoria profissional. No setor privado, manteve-se a superioridade de acertos do GT (7,63) em relação ao GC (7,08).

Porém, registrou-se uma significativa diferença de 1,11 pontos entre a taxa do GC (8,00) e do GT (6,89) no setor público, sendo o único caso desse tipo de ocorrência na pesquisa. Na última categoria profissional (outros) manteve-se a média superior do GT (7,32) em relação ao GC (6,15). Trata-se de respondentes que atuam como vendedores autônomos ou em atividades comerciais não regulamentadas. O próximo diagrama apresenta o último conjunto de índices.

Gráfico 50

ÍNDICES DE ACERTO POR IDADE DA GENITORA E GRUPO

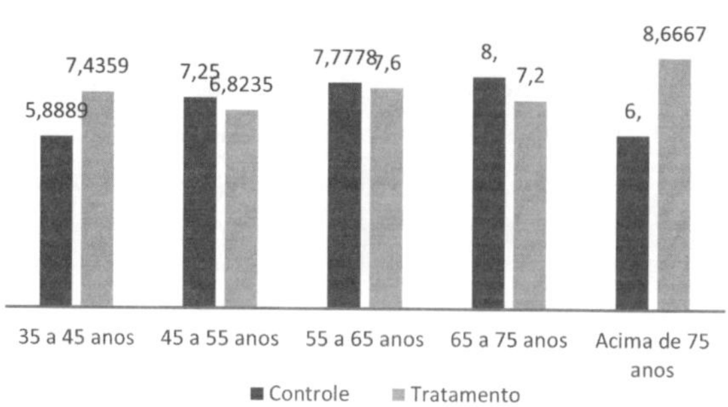

À semelhança do anterior, o gráfico 50 também apresentou uma isonomia proporcional de respostas. Observando os dados, percebeu-se que a superioridade das taxas de acerto do GC ocorreu no caso dos respondentes cujas genitores estão na faixa etária entre 45 e 75 anos de idade (7,25; 7,78 e 8,00), em relação aos participantes do GT (6,82; 7,60 e 7,20, respectivamente). Já no GT em que as mães dos alunos possuiam até 45 anos (GT – 7,44; GC – 5,89) ou acima dos 75 anos (GT – 8,67; GC – 6,00) registraram-se as maiores diferenças dos grupos.

CONSIDERAÇÕES FINAIS

Esta pesquisa tinha por objeto principal investigar a compreensão empírica das decisões judiciais, consideradas as hipóteses, a metodologia e os parâmetros indicados para o levantamento de dados. Pelos resultados obtidos e feitas as análises apresentadas ao longo do texto, podem ser feitas as seguintes afirmações.

A proposta do capítulo 1 era responder a seguinte pergunta: após a comparação dos dados, as decisões do Poder Judiciário, em si mesmas, são compreendidas por um determinado público leitor? Em termos gerais, a resposta obtida foi negativa, levando-se em conta os critérios indicados e a avaliação das informações disponíveis. Não se constatou, como regra, resultados que demonstraram facilidade na compreensão de tais documentos[17].

Ao contrário, os índices de inteligibilidade da maioria das decisões examinadas demonstraram que são textos muito difíceis de serem entendidos. Sendo assim, as sentenças e acórdãos judiciais considerados no experimento não seriam facilmente assimilados pelo grupo de leitores indicados. Ainda hoje, existe um considerável debate acerca das fórmulas de inteligibilidade, inclusive a que foi utilizada durante a pesquisa. Vários estudos questionam a validade e limitações de tais métodos (BORMUTH, 1966, 1969; KLARE, 1976; DAVIDSON et al, 1980; RUSH, 1984; DAVENPORT, 1986; LARSSON, 2006). A rejeição mais contundente às *readability formulas* (ANDERSON, 1986) afirma que não apenas o *Flesch Reading Ease* mas todas as fórmulas apresentam graves problemas nos padrões que adotam.

Por outro lado, muitas pesquisas (KLARE, 1963; MARTINS et al, 1986; DUBAY, 2004, 2007; BARBOZA, 2007) afirmam a validade das fórmulas de inteligibilidade para avaliação do nível de compreensão de um texto. Segundo os estudos, a questão principal a ser respondida é: um grupo *específico* de leitores entende um conteúdo redigido? A função principal das fórmulas é fornecer dados que contribuam para o sucesso na relação entre o leitor e o material escrito (DAVIDSON, 1985), no sentido de melhor interpretá-lo. A relevância das fórmulas pode ser observada em

17 Apenas em situações específicas (gráficos 2 e 3, no Capítulo 1), notou-se a presença de decisões com tal característica que supere 10%.

importantes desdobramentos, seja na própria definição do que seja uma boa redação (KLARE, 1976) ou ainda no comportamento de uma comunidade de pessoas que falam e conseguem ler numa determinada língua (AGUIAR, 2017).

Deve-se considerar também a discussão atual, acerca da eficiência da *plain language*. Isto porque, existe intenso questionamento sobre os critérios adotados para definir o que é uma linguagem clara (CHARROW, 1979; BARNES, 2010) a ser utilizada no direito. A dificuldade começa por não haver definição específica do que seja linguagem legal (CHARROW, 1979). Por outro lado, há considerável literatura afirmando que o uso desta forma de escrita deve ser adotado (FELKER et al, 1981; FENSELFELD, 1981; KIMBLE, 1994; SCOTT, SAGE, 2001; ROBBINS-TISCIONE, 2002; HARRIS, KLEIMANN, MOWAT, 2010).

De um ponto de vista puramente pragmático, o uso dos instrumentais (ou seja, das fórmulas) ainda é uma realidade em muitas instituições de reconhecimento internacional[18] em diferentes campos de atuação. A pesquisa apresentou os índices de facilidade observados na compreensão das decisões judiciais avaliadas. Trata-se de documentos jurídicos, semelhantes às leis. Quanto a estas, a prática adotada na redação legislativa em outros países, a exemplo dos Estados Unidos, exige que sejam mais claras para que o maior número de leitores possam entendê-las, a exemplo do *Memorandum on Plain Language*, de 1998 e o Executive Order 13563, de 2011.

Considerando, também, estes parâmetros, sugerem-se três diretrizes gerais a serem utilizadas na elaboração de sentenças e acórdãos numa linguagem compreensível (KIMBLE, 2004): construir o texto utilizando frases curtas, na voz ativa e o emprego do vocabulário comum. Seguindo estas recomendações, é perfeitamente possível ao Poder Judiciário redigir uma decisão, ao mesmo tempo, sofisticada e inteligível pela maior parte da população (KIMBLE, 1994, 2014).

O capítulo 2, testou-se, empiricamente, algumas hipóteses, mediante a aplicação de uma atividade experimental. Buscou-se obter dados empíricos junto ao público-alvo, para saber se ele compreendia as decisões do Poder Judiciário. Os argumentos, as hipóteses, a metodologia e os resultados apresentados, neste estudo, autorizam a afirmar o seguinte.

Os dados constantes do subitem 2.3.2 confirmaram a primeira hipótese levantada. Os índices de acertos dos alunos que iniciaram os cursos (Engenharia Civil e Direito) em anos anteriores é, em média, maior que as taxas dos alunos que recentemente começaram a sua graduação superior. Veja-se que o índice de acerto dos alunos do GC e GT do ano de 2010 (gráfico 41) é, respectivamente, 7,33 e 9,00, indicando que os

18 A exemplo do Departamento de Defesa norte-americano (ver em http://www.readabilityformulas.com/flesch-reading-ease-readability-formula.php).

graduandos veteranos apresentaram uma capacidade de compreensão consideravelmente maior do que os alunos novatos do GC e GT do ano de 2018, cujos índices respectivos são 6,16 e 7,33.

Mais especificamente em relação a esta suposição inicial, como nenhum dos grupos (de controle e de tratamento) apresentou um índice de acertos total, isso indicou que a linguagem utilizada nas decisões judiciais não apresentou a clareza suficiente para ser compreendida pelos respondentes dos questionários, o que se observou pelos dados constantes do gráfico 40.

Os dados constantes do subitem 2.3.2, em números absolutos, não confirmaram a segunda hipótese desta pesquisa. Se observados os índices de acertos dos alunos do curso de Direito e de Engenharia Civil, constantes dos gráficos 44 e 45, nota-se que, tanto no GC quanto no GT, as taxas de correção daqueles primeiros são superiores, indicando que os respondentes do curso jurídico tiveram melhor compreensão das decisões judiciais.

Por outro lado, vistos de maneira contextualizada, os números indicaram que, *proporcionalmente* a diferença das taxas do grupo de controle e as do grupo de tratamento ainda foi mantida, sendo estas últimas superiores em conjunto, em que pese isso não ter ocorrido ao se comparar o desempenho dos alunos do curso de Direito e o de Engenharia Civil.

Os dados constantes do subitem 2.3.2 confirmaram parcialmente a terceira hipótese levantada. Mediante a coleta dos dados e pela observação dos gráficos, os índices de acertos dos respondentes do GC e do GT dos cursos de Engenharia Civil e de Direito evidenciaram diferenças e, assim, constatou-se que as taxas daquele segundo grupo são, em média, maiores dos que as do primeiro grupo. Desta forma, é possível afirmar que a introdução da variável explicativa dos termos técnicos contribuiu para um melhor desempenho por parte dos alunos do grupo de tratamento.

Isso significa que existe uma relação de causalidade entre a variável inserida no experimento e o resultado obtido, pois nos testes aplicados onde não havia a explicação dos termos jurídicos técnicos, ou seja, no grupo de controle, os índices de resposta foram, em sua quase totalidade, inferiores ao grupo de tratamento, em cujos testes havia um texto explicativo prévio às expressões utilizadas na decisão judicial.

Isto evidenciou o déficit de compreensibilidade das decisões judiciais pois, como indiquei, em praticamente todas as situações nas quais os participantes foram previamente informados do significado da linguagem jurídica, houve melhora nas respostas aos questionários, indicando ser um elemento fundamental para que se possa entender o conteúdo dos julgamentos proferidos pelo Poder Judiciário.

Por outro lado, somente em três itens específicos do perfil dos respondentes, a última hipótese deste estudo não foi totalmente confirmada. Neles, houve uma pequena diferença entre os índices de acerto do GC e os do GT, sendo aqueles primeiros relativamente superiores aos segundos. Deve-se notar, porém, que mesmo em tais casos, foi mantido o nível de dificuldade de compreensão das decisões judiciais por parte dos respondentes.

Isto porque, em apenas um único cenário de respostas foi atingido o índice máximo de acerto. Ocorre que isso se verificou justamente no grupo de tratamento das pessoas que se declararam pós-graduadas (gráfico 47), ou seja, participantes que já lidavam (e em muitos casos ainda lidam) com documentos e textos com alto nível de complexidade, exigindo grande habilidade de leitura, característica que não era comum na maior parte do público participante desta pesquisa.

Além disso, não se confirmou a suspeita de que os alunos do GT do curso de Engenharia Civil teriam melhor desempenho do que os alunos do GT do curso de Direito, quando comparados aos conjuntos do GC, indicando que, num ambiente de condições reais, os graduandos do curso de ciências humanas compreendem melhor as decisões judiciais do que os estudantes da área de exatas.

Feita a avaliação de todos os números apresentados, é legítimo fazer uma última assertiva, implícita nas perguntas formuladas em cada capítulo, nas hipóteses deste estudo e nos resultados apresentados: *o público-alvo desta pesquisa não compreendeu as amostras das decisões judiciais utilizadas*. Isso pôde ser constatado de duas formas. Mediante cálculos matemáticos que mediram a inteligibilidade de sentenças e acórdãos, feitos no primeiro capítulo, os quais indicaram a dificuldade de se entender tais julgamentos. A segunda maneira, foi por intermédio da aplicação de um experimento em que foram obtidas as respostas dos participantes, quando questionados se entenderam o conteúdo lido.

REFERÊNCIAS

ABRAMOWICZ, Michael. Randomizing law. **University of Pennsylvania Law Review,** v. 159, n. 4, 2011. Disponível em: <http://vlex.com/vid/randomizing-law-634987993>. Acesso em: 13 jul. 2018.

ACCETTO, Matej. The meanging(s) in law and language. **Linguistica,** v. 1, 2013. Disponível em: <https://doaj.org/article/fd4f7b51e6b845e0ab36432b608a1604?gathStatIcon=true>. Acesso em: 18 jul. 2018.

AGUIAR, Julio Cesar de. **Teoria analítico-comportamental do direito:** para uma abordagem científica do direito como sistema social funcionalmente especializado. Porto Alegre: Nuria Fabris Editora, 2017.

_____. Passos para uma abordagem evolucionária do direito. **Revista da Faculdade de Direito – UFPR,** Curitiba, v. 60, n. 1, 2015. Disponível em: <https://revistas.ufpr.br/direito/article/viewFile/36244/25095>. Acesso em: 17 jul. 2018.

_____; CHINELATO, M. T. Interpretação do direito e comportamento humano. **Revista de Informação Legislativa,** v. 203, 2014. Disponível em: <https://www12.senado.leg.br/ril/edicoes/51/203/ril_v51_n203_p111.pdf>. Acesso em: 17 jul. 2018.

ALLEN, Jessie. Empirical doctrine. **Case Western Reserve Law Review,** v. 66, n. 1, 2015. Disponível em: <http://vlex.com/vid/empirical-doctrine-647139185>. Acesso em: 15 jul. 2018.

ALLEN, Layman E.; ENGHOLM, Rudy. The need for clear structure in 'plain language' legal drafting. University of Michigan Law School Scholarship Repository, 1980. Disponível em: <https://repository.law.umich.edu/cgi/viewcontent.cgi?article=1027&context=articles>. Acesso em: 17 ago. 2017.

ALOQAILI, Abdulmohsen S. The relationship between reading comprehension and critical thinking: a theoretical study. **King Saud University,** v. 24, 2012. Disponível em: <https://www.sciencedirect.com/science/article/pii/S2210831911000373>. Acesso em: 16 jul. 2018.

ANDERSON, Richard C.; DAVIDSON, Alice. **Conceptual and empirical bases of readability formulas.** University of Illinois, 1986. Disponível em: <https://core.ac.uk/download/pdf/4826259.pdf>. Acesso em: 22 ago. 2017.

ARANHA, Maria Salete Fábio (org.). Educação inclusiva: A fundamentação filosófica. **Brasília: Ministério da Educação/Secretaria de Educação Especial**, 2004. Disponível em: < http://portal.mec.gov.br/seesp/arquivos/pdf/fundamentacaofilosofica.pdf>. Acesso em: 30 set. 2020.

ARIFFIN, Adlina. The reading of legal cases by law undergraduates: some problems and suggestions. **Procedia – Social and Behavioral Sciences,** v. 134, 2014. Disponível em: <https://www.sciencedirect.com/science/article/pii/S1877042814031383>. Acesso em: 12 jul. 2018.

ATHANASOU, James A. Is adult reading a guide to educational-vocational achievement? **Australian Journal of Career Development,** v. 20, n. 2, 2011. Disponível em: <http://vlex.com/vid/educational-vocational-achievement-339683306>. Acesso em: 16 jul. 2018.

BAPTISTA, Bárbara Gomes Lupetti. A pesquisa empírica no direito: obstáculos e contribuições. Artigo apresentado na 26ª Reunião Brasileira de Antropologia, 2008. Disponível em: <http://www.abant.org.br/conteudo/ANAIS/CD_Virtual_26_RBA/grupos_de_trabalho/trabalhos/GT%2016/Microsoft%20Word%20-%20ABA%202008%20A%20pesquisa%20emp%C3%ADrica%20no%20Direito.pdf>. Acesso em: 01 ago. 2018.

_____. O princípio da oralidade às avessas: um estudo empírico sobre a construção da verdade no processo civil brasileiro. Universidade Gama Filho, 2007. Disponível em: <https://docgo.net/philosophy-of-money.html?utm_source=lupetti-baptista-barbara-os-rituais-judiciarios-e-o-principio-da-oralidade&utm_campaign=download>. Acesso em: 01 ago. 2018.

BARBOZA, Elza Maria Ferraz; NUNES, Ely Marcelino de Almeida. A inteligibilidade dos websites governamentais brasileiros e o acesso para usuários com baixo nível de escolaridade. **Revista Inclusão Social,** Brasília, v. 2, n. 2, p. 19-33, 2007. Disponível em: <http://www.brapci.inf.br/_repositorio/2010/05/pdf_ba972fb63b_0010181.pdf>. Acesso em: 02 ago. 2017.

BARNES, Jeffrey. When 'plain language' legislation is ambiguous - sources of doubt and lessons for the plain language movement. **Melbourne University Law Review,** v. 34, n. 3, 2010. Disponível em: <http://vlex.com/vid/plain-ambiguous-sources-doubt-movement-345075618>. Acesso em: 17 ago. 2017.

BARROS, Diana Luz Pessoa de. Algumas reflexões sobre o papel dos estudos linguísticos e discursivos no ensino-aprendizagem na escola. **Universidade de São Paulo/Revista de Estudos Semióticos**, v. 15, n. 2, 2019. Disponível em: <http://www.revistas.usp.br/esse/article/view/165195>. Acesso em 25 set. 2020.

BAUM, William M. **Compreender o behaviorismo:** comportamento, cultura e evolução. 2.ed. rev. e ampl. Porto Alegre: Artmed, 2006.

BELUCE, Andrea Carvalho; OLIVEIRA, Katya Luciane de; VERDICCHIO, Luciano Humberto; et al. Compreensão em leitura em universitários: um estudo comparativo. Artigo apresentado no 3º Congresso Nacional de Psicologia Escolar e Educacional (Maringá/PR), 2011. Disponível em: <http://www.abrapee.psc.br/xconpe/trabalhos/1/79.pdf>. Acesso em: 30 ago. 2017.

BENJAMIN, Daniel J.; CHOI, James J.; STRICKLAND, A. Joshua. Social identity and preferences. **American Economic Review,** v. 100, n. 4, 2010. Disponível em: <http://www.econ.yale.edu/~shiller/behmacro/2007-11/benjamin.pdf>. Acesso em: 22 jul. 2018.

BENSON, Robert. W.; KESSLER, Joan B. Legalese v. plain english: an empirical study of persuasion and credibility in appellate brief writing. **Loyola of Los Angeles Law Review,** v. 20, 1987. Disponível em: <http://digitalcommons.lmu.edu/cgi/viewcontent.cgi?article=1493&context=llr>. Acesso em: 30 ago. 2017.

BERNASCONI RAMÍREZ, Andrés. El carácter científico de la dogmática jurídica. **Revista de Derecho (Valdivia),** v. 20, 2007. Disponível em: <https://scielo.conicyt.cl/pdf/revider/v20n1/art01.pdf>. Acesso em: 27 jul. 2018.

BESTUÉ, Carmen. La variación terminológica de los conceptos del derecho de sociedades y sus estrategias de traducción. **Revista de Llengua i Dret, Journal of Language and Law,** n. 65, 2016. Disponível em: <file:///C:/Users/User/Downloads/2770-5194-1-PB.pdf>. Acesso em: 16 jul. 2018.

BHATTACHERJEE, Anol. **Social Science Research:** Principles, Methods, and Practices. University of South Florida/Textsbooks Collection, 2012. Disponível em: <http://scholarcommons.usf.edu/cgi/viewcontent.cgi?article=1002&context=oa_textbooks>. Acesso em: 19 jul. 2018.

BINNIE, Ian. Science in the courtroom: the mouse that roared. **University of New Brunswick Law Journal,** n. 56, 2007. Disponível em: <http://vlex.com/vid/science-the-mouse-that-55999763>. Acesso em: 17 jul. 2018.

BLOK, Anders; PEDERSEN, Morten Axel. Complementary social Science? Quali-quantitative experiments in a Big Data. **Big Data & Society,** v. 1, 2014. Disponível em: <file:///C:/Users/User/Downloads/Pedersen_and_Blok_2014_-_Complementary_s.pdf>. Acesso em:10 jul. 2018.

BORGEN, Christopher J. **Resolving treaty conflicts. St. John's Faculty of Law**: Faculty Publications, 2005. Disponível em: <https://scholarship.law.stjohns.edu/cgi/viewcontent.cgi?referer=https://www.google.com.br/&httpsredir=1&article=1122&context=faculty_publications>. Acesso em:02 jun. 2018.

BORMUTH, John R. **Readability:** a new approach. Department of Health, Education & Welfare/Welfare Office of Education, 1966. Disponível em: <https://files.eric.ed.gov/fulltext/ED011480.pdf>. Acesso em:09/01/2018, às 19:06.

______. **Development of readability analysis.** Washington, D. C.: U.S. Department of Health, Education, and Welfare, 1969. Disponível em: <https://files.eric.ed.gov/fulltext/ED029166.pdf>. Acesso em: 09 jan. 2018.

BRUCE, Bertram; RUBIN, Andee; STARR, Kathleen. **Why readability formulas fail:** Reading Education Report No. 28. University of Illinois, 1981. Disponível em: <https://files.eric.ed.gov/fulltext/ED205915.pdf>. Acesso em: 09 jan. 2018.

BUENO, Cassio Scarpinella. **Manual de direito processual civil.** 3.ed. São Paulo: Saraiva, 2017.

BUNCH, Bryan; HELLEMANS, Alexander. **The history of science and technology.** Houghton Mifflin Company, 2004. Disponível em: <http://www.biyolojiegitim.yyu.edu.tr/ders/btpdf/hst.PDF>. Acesso em: 30 jul. 2018.

CAMPBELL, Donald T.; STANLEY, Julian C. **Experimental and quase-experimental designs for research. Houghton Mifflin Company,** 1963. Disponível em: <https://www.sfu.ca/~palys/Campbell&Stanley-1959-Exptl&QuasiExptlDesignsForResearch.pdf>. Acesso em: 19 jul. 2018.

CAPPELLETTI, Mauro; GARTH, Bryant. **Acesso à justiça.** Porto Alegre: Fabris, 1988. Disponível em: <file:///C:/Users/User/Desktop/Dissertação/Projeto,%20desenvolvimento%20e%20texto%20final/Capítulo%202%20-%20Compreensão%20de%20acórdãos%20por%20estudantes%20universitários%20–%20uma%20análise%20experimental/Referências/Outros%20textos/Acesso%20à%20justiça%20-%20Mauro%20Cappelletti.PDF>. Acesso em: 10 abr. 2017.

CARD, David; DELLAVIGNA, Stefano; MALMENDIER, Ulrike. The role of theory in field experiments. **The Journal of Economic Perspectives,** v. 2, 2011. Disponível em: <http://davidcard.berkeley.edu/papers/field-experiments.pdf>. Acesso em: 12 jul. 2018.

CARLSSON, Frederick; MØRKBAK, Morten Raun; OLSEN, Søren Bøye. The first time is the hardest: a test of ordering effects in choice experiments. **Journal of Choice Modelling**, v. 5, 2012. Disponível em: <https://www.sciencedirect.com/science/article/pii/S1755534513700514>. Acesso em: 14 jul. 2018.

CARLINER, Saul. Designing better documents: information design professionals attempt to understand what makes documents usable and to apply that knowledge in preparing functional documents and records. **Information Manager**, v. 36, n. 5, 2002. Disponível em: <http://vlex.com/vid/designing-attempt-usable-functional-53062974>. Acesso em: 17 ago. 2017.

CARLSSON, Fredrik; HE, Haoran; MARTINSSON, Peter. **Easy come, easy go:** the role of windfall money in lab and field experiments. Economic Science Association, 2012. Disponível em: <https://www.economics.gu.se/digitalAssets/1456/1456295_experimental-2013a.pdf>. Acesso em: 15 jul. 2018.

CARNEIRO, Honorina Maria Simões. Leitura e inclusão social. Universidade Federal do Ceará/**Revista de Letras**. v. 1, n. 25, 2003. Disponível em: <http://periodicos.ufc.br/revletras/article/view/2255/1725>. Acesso em 28 set. 2020.

CHARROW, Robert P.; CHARROW, Veda R. Making legal language understandable: a psycholinguistic study of jury instructions. **Columbia Law Review,** v. 79, 1979. Disponível em: <https://www.courts.wa.gov/programs_orgs/pos_interpret/content/signLanguageMaterials/Charrow.pdf>. Acesso em: 01 set. 2017.

CHARROW, Veda R; CRANDALL, Joann. **Legal language: what it is and we can do about it?** Artigo apresentado na Conferência da Sociedade Norte-americana de Dialeto, 1978. Disponível em: <https://files.eric.ed.gov/fulltext/ED318247.pdf>. Acesso em: 24 jan. 2018.

CHÁVEZ, Héctor Alejandro Ramos. Information and citizenship: a governance perspective. **Investigación Bibliotecológica,** v. 29, n. 67, 2015. Disponível em: <https://www.sciencedirect.com/science/article/pii/S0187358X16300065>. Acesso em: 17 jul. 2018.

CHEEK, Annetta. Defining plain language. In: **Clarity Review,** n. 64, 2010. Disponível em: <http://clarity-international.net/journals/64.pdf>. Acesso em:10 jan. 2018.

CHIZZOTTI, Antônio. **Pesquisa em ciências humanas e sociais.** 2. ed. São Paulo: Cortez, 1991. Disponível em: <file:///C:/Users/User/Downloads/Pesquisa%20em%20Cie%CC%82ncias%20Humanas%20e%20Sociais%20(Anto%CC%82nio%20Chizzotti).pdf>. Acesso em: 13 jul. 2018.

COELHO, Edihermes Marques. Hermenêutica e interpretação constitucional sistemática axioteleológica. **Opinión Jurídica,** v. 16, n. 32, 2017. Disponível em: <https://revistas.udem.edu.co/index.php/opinion/article/viewFile/2284/1939>. Acesso em: 17 jul. 2018.

COLLIER, Linda M. **The Use of Legalese in Non-Policy Debate Resolutions.** Artigo apresentado na Convenção da Associação de Comunicação – Chicago, 1992. Disponível em: <https://ia801403.us.archive.org/30/items/ERIC_ED356499/ERIC_ED356499.pdf>. Acesso em: 09 fev. 2018.

COTTERILL, Sarah; RICHARDSON, Liz. Expanding the use of experiments on civic behavior: experiments with local government as a research partner. **The Annals of the American Academy of Political and Social Science,** v. 62, 2010. Disponível em: <https://scholar.google.com.br/scholar?cluster=17585727186571249006&hl=pt-BR&as_sdt=0,5&as_vis=1>. Acesso em: 17 jul. 2018.

CRUZ, Gilvan Oliveira da; ARRUDA, Aparecida Luvizotto Medina Martins. Inclusão social: um olhar no sistema sociocultural e educacional. **Revista Eletrônica Saberes da Educação**. v. 5, n. 1, 2014. Disponível em: <http://docs.uninove.br/arte/fac/publicacoes_pdf/educacao/v5_n1_2014/Gilvan.pdf>. Acesso em 29 set. 2020

CUNHA, Alexandre dos Santos (coord. e org.); SILVA, Paulo Eduardo Alves da (coord. e org.). **Pesquisa empírica em direito** [livro eletrônico]. Rio de Janeiro: Ipea, 2013. Disponível em: <http://www.ipea.gov.br/portal/index.php?option=com_content&view=article&id=18520>. Acesso em: 24 ago. 2017.

DAVIDSON, Alice; KANTOR, Robert N.; HANNAH, Jean; et al. **Limitations of readability formulas in guiding adaptations of texts. University of Illinois:** Center for the Study of Reading, 1980. Disponível em: <https://www.ideals.illinois.edu/bitstream/handle/2142/18026/ctrstreadtechrepv01980i00162_opt.pdf?sequence=1>. Acesso em: 01 set. 2017.

DAVIDSON, Alice. **Readability:** the situation today. University of Illinois/Center for the Study of Reading, 1985. Disponível em: <https://www.ideals.illinois.edu/bitstream/handle/2142/17739/ctrstreadtechrepv01985i00359_opt.pdf?sequence=1>. Acesso em: 10 jan. 2018.

DAVENPORT, Betty; PHILLIPS, Judith. How to Avoid Being Tyrannized by Readability Formulas. **Reading Horizons,** v. 26, n. 3, 1986. Disponível em: <http://scholarworks.wmich.edu/cgi/viewcontent.cgi?article=1831&context=reading_horizons>. Acesso em: 23 ago. 2017.

DE MULDER, Richard; VAN NOORTWIJK, Kees; COMBRINK-KUITERS, Lia. Jurimetrics, please! **European Journal of Law,** v. 1, 2010. Disponível em: <http://ejlt.org/article/view/13>. Acesso em:18/07/2018, às 17:33.

DRABARZ, Anna K; TOMASZ, Kaluzny; STEPHEN, Terret. Language as an instrument for dispute resolution in modern justice. **Studies in logic,** v. 5, 2017. Disponível em: <https://doaj.org/article/0a24af3864b649d092289dcbfe36b963?gathStatIcon=true>. Acesso em: 18 jul. 2018.

_____. **Unlocking language:** the classic readability studies. Impact Information, California, 2007. Disponível em: <http://citeseerx.ist.psu.edu/viewdoc/download?doi=10.1.1.694.8518&rep=rep1&type=pdf>. Acesso em: 17 ago. 2017.

_____. **Smart language:** readers, readability, and the grading of text. Impact Information, California, 2007a. Disponível em: <http://www.impact-information.com/impactinfo/newsletter/smartlanguage02.pdf>. Acesso em:17 ago. 2017.

DUFWENBERG, Martin; HARRISON, Glenn. Peter Bohm: father of field experiments. **Experimental Economic,** v. 11, 2008. Disponível em: <http://www.igier.unibocconi.it/files/peter_bohm.pdf>. Acesso em: 17 jul. 2018.

DURANGO, Rafael Alejandro Betancourt; CANO, Ladis Yuceima Frías. Competencias argumentativas de los estudiantes de derecho en el marco de las pruebas Saber-Pro. **Civilizar/Ciencias Sociales y Humanas,** v. 15, n. 28, 2015. Disponível em: <http://www.redalyc.org/articulo.oa?id=100241608015>. Acesso em: 16 jul. 2018.

EAGLESON, Robert. **Plain language:** changing the lawyer's image and goals. The Scribes of Journal of Legal Writing, 1998. Disponível em: <https://docs.wixstatic.com/ugd/3eec74_4d86a85b95ff48f7b54d594ee7f603a4.pdf>. Acesso em: 08 jan. 2018.

Educação brasileira: indicadores e desafios (documento de consulta). Brasília: Fórum Nacional de Educação, 2013. Disponível em: <http://conae2014.mec.gov.br/images/pdf/educacaobrasileiraindicadoresedesafios.pdf>. Acesso em: 25 fev. 2018.

EPSTEIN, Lee. Some thoughts on the study of judicial behavior. **William and Mary Law Review,** v. 57, n. 6, 2016. Disponível em: <http://vlex.com/vid/some-thoughts-on-the-645494433>. Acesso em: 16 jul. 2018.

EPSTEIN, Lee; KING, Gary. **Pesquisa empírica em direito** [livro eletrônico]. São Paulo: Fundação Getúlio Vargas, 2013. Disponível em: <file:///C:/Users/User/Downloads/Pesquisa_empirica_em_direito%20(1).pdf>. Acesso em: 24 ago. 2017.

Executive Order 12044 of March 23, 1978. Improving Government Regulations. Disponível em: <http://www.thecre.com/pdf/12044.PDF>. Acesso em:10 jan. 2018.

Executive Order 13563 of January 18, 2011. Improving Regulation and Regulatory Review. Disponível em: <https://www.gpo.gov/fdsys/granule/CFR-2012-title3-vol1/CFR-2012-title3-vol1-eo13563/content-detail.html>. Acesso em: 06 set. 2017.

FATAS, Enrico; HEAP, Shaun P. Hargreaves; ARJONA, David Rojo. Preference conformism: an experiment. **European Economic Review,** v. 105, 2018. Disponível em: <https://reader.elsevier.com/reader/d/5AA310EB82ECB8B1FE7FC2BFA54D04F600DE5BF20F0C73A4A171435A65>. Acesso em: 11 jul. 2018.

FELKER, Daniel B.; PICKERING, Frances; CHARROW, Veda R.; et al. **Guidelines for document designers.** American Institutes for Research, 1981. Disponível em: <https://files.eric.ed.gov/fulltext/ED221866.pdf>. Acesso em: 21 jan. 2018.

FELSENFELD, Carl. The plain english movement: panel discussion. Fordham Law School, **The Fordham Law Archive of Scholarship and History,** v. 6, 1981. Disponível em: <http://ir.lawnet.fordham.edu/cgi/viewcontent.cgi?article=1475&context=faculty_scholarship>. Acesso em: 01 set. 2017.

FERRAZ, Leslie Shérida. Desafios e limitações à pesquisa empírica em direito no Brasil: explorando o estudo sobre Justiça Itinerante. **Revista de Estudos Empíricos em Direito,** v. 4, n. 1, 2017. Disponível em: <file:///C:/Users/User/Downloads/199-431-2-PB.pdf>. Acesso em: 25 ago. 2017.

FIDALGO, Sueli Salles. A avaliação na escola: um histórico de exclusão social-escolar ou uma proposta sociocultural para a inclusão? **Revista Brasileira de Linguística Aplicada**. Belo Horizonte, v. 6, n. 2, 2006. Disponível em: <https://www.scielo.br/scielo.php?script=sci_arttext&pid=S1984-63982006000200002>. Acesso em 25 set. 2020.

FISHER, Janet W. Multiple-Choice: Choosing the Best Options for More Effective and Less Frustrating Law School Testing. **Capital University Law Review,** n. 37, 2008. Disponível em: <http://vlex.com/vid/the-effective-less-frustrating-school-468262554>. Acesso em: 17 jul. 2018.

FISHER, Ronald A. **The design of experiments.** Hafner Publishing Company, 1935. Disponível em: <https://www.phil.vt.edu/dmayo/PhilStatistics/b%20Fisher%20design%20of%20experiments.pdf>. Acesso em: 24 jul. 2018.

FLESCH, Rudolf. **The art of readable writing.** New York: Harper & Brothers Publishers, 1949. Disponível em: <https://dc135.files.wordpress.com/2012/11/flesch-the-art-of-readable-writing.pdf>. Acesso em: 30 ago. 2017.

_____. **The art of plain talk.** New York: Harper & Brothers Publishers, 1946. Disponível em: <https://dc135.files.wordpress.com/2012/11/flesch-the-art-of-plain-talk.pdf>. Acesso em: 08 jan. 2018.

FRANZONI, Chiara; SAUERMANN, Henry. The organization of scientific research in open collaborative projects. **Research Policy,** v. 43, 2014. Disponível em: <https://www.sciencedirect.com/science/article/pii/S0048733313001212>. Acesso em: 11 jul. 2018.

FREGONEZI, Durvali Emílio; CONTANI, Miguel Luiz. Treinamento em comunicação nas empresas: fatores a considerar na seleção de conteúdos. **Semina: Ciências Sociais e Humanas**. v. 15, n. 3, 1994. Disponível em: <http://www.uel.br/revistas/uel/index.php/seminasoc/article/view/9452>. Acesso 28 set. 2020

GALLACHER, Ian. When numbers get serious: a study of plain english usage in briefs files before the New York Court of Appeals. Syracuse University, College of Law Faculty Scholarship, **Law Review,** n. 451, 2013. Disponível em: <https://surface.syr.edu/cgi/viewcontent.cgi?article=1085&context=lawpub>. Acesso em: 18 ago. 2017.

GALILEA, Jesús Miguel Hernández. El proceso judicial como «espacio comunicativo». **Revista de Llengua i Dret**. n. 64, Dec. 2015. Disponível em: <http://vlex.com/vid/proceso-judicial-espacio-comunicativo-593608554>. Acesso em: 16 jul. 2018.

GARCIA, Margarida. Novos horizontes epistemológicos para a pesquisa empírica em direito: "descentrar" o sujeito, "entrevistar" o sistema e dessubstancializar as categorias jurídicas. **Revista de Estudos Empíricos em Direito,** v. 1, n. 1, 2014. Disponível em: <file:///C:/Users/User/Downloads/13-26-3-PB.pdf>. Acesso em: 25 ago. 2017.

GERHARDT, Tatiana Engel; SILVEIRA, Denise Tolfo (Orgs.). **Métodos de pesquisa.** Porto Alegre: Editora da UFRGS, 2009. Disponível em: <http://www.ufrgs.br/cursopgdr/downloadsSerie/derad005.pdf>. Acesso em: 31 jul. 2018.

GICO JUNIOR, Ivo Teixeira. **A tragédia do Judiciário:** subinvestimento em capital jurídico e sobreutilização do Judiciário. Universidade de Brasília – UnB, Tese de Doutorado, 2012. Disponível em: <http://www.repositorio.unb.br/bitstream/10482/13529/1/2012_IvoTeixeiraGicoJunior.pdf>. Acesso em: 28 ago. 2017.

GONZÁLEZ, Cristina Carretero. La claridad y el orden en la narración del discurso jurídico. **Revista de Llengua i Dret,** n. 64, 2015. Disponível em: <http://revistes.eapc.gencat.cat/index.php/rld/article/viewFile/10.2436-20.8030.02.116/n64-Carretero-es.pdf>. Acesso em: 17 ago. 2017.

GORRA, Daniel Gustavo. Uma respuesta a las criticas de Dworkin al pragmatismo jurídico desde la perspectiva ética de Dewey. **Kairos,** v. 21, n. 40, 2017. Disponível em: <http://www.revistakairos.org/wp-content/uploads/06-Daniel-Gorra.pdf>. Acesso em: 18 jul. 2018.

GREEN, Donald P.; GERBER, Alan. The underprovision of experiments in Political Science. **Annals of the American Academy of Political and Social Science,** v. 589, 2003. Disponível em: <https://papers.ssrn.com/sol3/papers.cfm?abstract_id=1327000>. Acesso em: 10 jul. 2018.

GUTTENTAG, Michael D. Is there a law instinct? **Washington University Law Review,** v. 87, n. 2, 2009. Disponível em: <http://vlex.com/vid/is-there-law-instinct-634756665>. Acesso em: 15 jul. 2018.

HARRIS, Linda; KLEIMANN, Susan; MOWAT, Christine. Setting plain language standards. In: **Clarity Review,** n. 64, 2010. Disponível em: <http://clarity-international.net/journals/64.pdf>. Acesso em: 10 jan. 2018.

HENSHER, David A.; COLLINS, Andrew T. Interrogation of responses to stated choice experiments: is there sense in what respondents tell us? A closer look at what respondents choose and process heuristics used in stated choice experiments. **Journal of Choice Modelling,** v. 4, 2011. Disponível em: <https://www.sciencedirect.com/science/article/pii/S1755534513700198>. Acesso em: 15 jun, 2018.

HO, Daniel E. The role of theory and evidence in media regulation and law: a response to Baker and a defense of empirical legal studies. **Federal Communications Law Journal,** v. 61, n. 3, 2009. Disponível em: <http://vlex.com/vid/regulation-response-baker-empirical-studies-67160723>. Acesso em: 15 jul. 2018.

HOGBEN, Lancelot. Interglossa. **Penguin Books**, 1943. Disponível em: <http://www.glosa.org/en/interglossa.pdf>. Acesso em 23 set. 2020

HORNE, Christine; RAUHUT, Heiko. **Experiments in law.** Using Laboratory Experiments to Study Law and Crime. Swiss Federal Institute of Technology, 2008. Disponível em: <https://www.sg.ethz.ch/wps/pdf/CCSS-10-010.pdf>. Acesso em: 02 jul. 2018.

JENKINS, Lyndsay N.; DEMARAY, Michelle Kilpatrick. An investigation of relations among academic enablers and reading outcomes. **Psychology in the Schools,** v. 52, 2015. Disponível em: <https://www.researchgate.net/profile/Michelle_Demaray/publication/272201049_An_investigation_of_relations_among_academic_enablers_and_reading_outcomes/links/5a3b32e7aca2729d5063ae5d/An-investigation-of-relations-among-academic-enablers-and-reading-outcomes.pdf>. Acesso em:17 jul. 2018.

KAHAN, Dan M. "Ideology" or "situation sense"? An experimental investigation of motivated reasoning and professional judgment. **University of Pennsylvania Law Review,** v. 164, n. 2, 2016. Disponível em: <http://vlex.com/vid/ideology-or-situation-sense-637046905>. Acesso em:17 jul. 2018.

KANDEL, Eric. The new science of mind and the future of knowledge. **Neuron Perspective,** v. 80, 2013. Disponível em: <https://www.sciencedirect.com/science/article/pii/S0896627313009914>. Acesso em: 12 jul. 2018.

KARLAN, Pamela S. Answering questions, questioning answers, and the roles of empiricism in the law of democracy. **Stanford Law Review,** v. 65, n. 6, 2013. Disponível em: <http://vlex.com/vid/answering-questions-questioning-answers-635700441>. Acesso em: 17 jul. 2018.

KIMBLE, Joseph. Answering the critics of plain language. **The Scribes of Journal of Legal Writing, v**. 5, 1994. Disponível em: <https://docs.wixstatic.com/ugd/3eec74_d5fe26ab73534db6b7c9baf0e8500aa9.pdf>. Acesso em: 17 ago. 2017.

______. **Lifting the fog of legalese:** essays on plain language. Carolina Academic Press, 2006.

______. **Writing for dollars, writing to please:** the case for plain language in business, government, and law. Carolina Academic Press, 2014.

KITSON, Harry D. **The mind of the buyer:** a psycology of selling. New York: The Macmillan Company, 1921. Disponível em: <https://ia801407.us.archive.org/30/items/mindbuyerapsych00kitsgoog/mindbuyerapsych00kitsgoog.pdf>. Acesso em: 11 jan. 2018.

KLARE, George R. A second look at the validity of readability formulas. **Journal of reading behaviour,** Chicago, VIII, v. 2, 1976. Disponível em: <http://journals.sagepub.com/doi/pdf/10.1080/10862967609547171>. Acesso em: 23 ago. 2017.

______. The measurement of readability. **Journal of Computer Documentation,** v. 24, n. 3, 1963. Disponível em: <https://dl.acm.org/citation.cfm?id=344630>. Acesso em: 22 ago. 2017, às 09:03.

KLARE, George R; BYRON, Buck. **Know your reader:** the scientific approach to readability. New York: Hermitage Books, 1954. Disponível em: <https://archive.org/details/knowyourreader030289mbp>. Acesso em:23/01/2018, às 08:43.

KLAUDA, Susan Lutz; GUTHRIE, John T. Relationships of three components of reading fluency to reading comprehension. **Journal of Educational Psychology,** v. 10, 2008. Disponível em: <https://www.researchgate.net/publication/228652536_Relationships_of_Three_Components_of_Reading_Fluency_to_Reading_Comprehension>. Acesso em:18/07/2018, às 16:17.

KURBAN, Can; PEÑA-LÓPEZ, Ismael; HABERER, Maria. What is technopolitics? A conceptual schema for understanding politics in the digital age. **IDP/Revista de Internet, Derecho y Política,** n. 24, 2017. Disponível em: <http://ictlogy.net/articles/20170518_kurban_pena-lopez_haberer_-_what_is_technopolitics_conceptual_scheme_understanding_politics_digital_age.pdf>. Acesso em: 15 jul. 2018.

LARSSON, Patrik. **Classification into readability levels:** implementation and evaluation. Uppsala Universitet, 2006. Disponível em: <http://www.diva-portal.org/smash/get/diva2:131028/FULLTEXT01.pdf>. Acesso em: 18 ago. 2017.

LEFFA, Vilson José. **Fatores de compreensão na leitura.** Porto Alegre: Cadernos do IL, 1996. Disponível em: <http://www.leffa.pro.br/textos/trabalhos/fatores.pdf>. Acesso em: 18 go. 2017.

LELL, Helga María. Un modelo 'saussureano' de la relación entre el ordenamiento jurídico y las decisiones judiciales: alunos aportes desde um paralelismo com la linguística. **Revista de Llengua i Dret,** n. 65, 2016. Disponível em: <file:///C:/Users/User/Downloads/2743-5196-1-PB%20(1).pdf>. Acesso em: 16 jul. 2018.

LEVITT, Steven D.; LIST, John A. Field experiments in Economics: the past, the presente and the future. European Economic Review, v. 53, 2008. Disponível em: <https://www.sciencedirect.com/science/article/pii/S0014292108001153>. Acesso em: 15 ago. 2017.

LI, King King. How does language affect decison-making in social interactions and decision biases. **Journal of Economic Psychology,** v. 61, 2014. Disponível em: <https://www.sciencedirect.com/science/article/abs/pii/S0167487017301435>. Acesso em: 21 jul. 2017.

LIST, John A.; METCALFE, Robert. Field experiments in the developed world: an introduction. **Oxford Review of Economic Policy,** v. 30, 2014 Disponível em: <http://community.middlebury.edu/~jcarpent/papers/FEinEone.pdf>. Acesso em: 11 jul. 2018.

LIST, John A. Introducing to field experiments in Economics with applications to the economics of charity. **Economic Science Association,** 2008. Disponível em: <http://home.uchicago.edu/jlist/papers/112-fulltext.pdf>. Acesso em: 15 jul. 2018.

MARTINS, T. B.; NUNES, M. G. V; GHIRADELO, C. M.; OLIVEIRA JR., O. N. **Readability fórmulas applied to textbooks in Brasilian Portuguese**. Universidade de São Paulo, 1996. Disponível em: <http://www.nilc.icmc.usp.br/nilc/download/Reltec28.pdf>. Acesso em: 09 jan. 2018.

MCADAMS, Richard H.; NADLER, Janice. Constructing focal points through legal expression: an experimental test. In: **Experiments in criminology and law:** a research revolution. Rowman & Littlefield Publishers, 2007. Disponível em: <http://www.law.northwestern.edu/faculty/fulltime/nadler/McAdamsNadlerExpcrim.pdf>. Acesso em: 11 jul. 2018.

MCDERMOTT, Rose. Experimental methods in political science. **Annual Review of Political Science,** 2002. Disponível em: <http://www.uky.edu/AS/PoliSci/Peffley/pdf/McDermott%202002%20EXPERIMENTAL%20METHODS%20IN%20POLITICAL%20SCIENCE.pdf>. Acesso em: 12 jul. 2018.

MCDERMOTT, Rose. The ten commandments of experiments (experiments in political science). **American Political Science Association,** v. 46, 2013. Disponível em: <https://www.cambridge.org/core/services/aop-cambridge-core/content/view/C05424729378DCDBF5F02A367AF5D323/S1049096513000577a.pdf/ten_commandments_of_experiments.pdf>. Acesso em: 10 jul. 2018.

MCGINNIS, John O. The constitution and the language of the law. **William and Mary Law Review,** v. 59, n. 4, 2018. Disponível em: <http://vlex.com/vid/the-constitution-and-the-726471609>. Acesso em: 15 jul. 2018.

_____. Laws for learning in an age of acceleration. **William and Mary Law Review,** v. 53, n. 2, 2011. Disponível em: <http://vlex.com/vid/laws-for-learning-in-635160129>. Acesso em: 13 jul. 2018.

Memorandum on Plain Language in Government Writing June 1, 1998. Disponível em: <https://www.gpo.gov/fdsys/pkg/WCPD-1998-06-08/pdf/WCPD-1998-06-08-Pg1010.pdf>. Acesso em: 06 set. 2017.

MENDES, Gilmar Ferreira; BRANCO, Paulo Gustavo Gonet. **Curso de direito constitucional.** 10. ed. São Paulo: Saraiva, 2015.

MOGHADAM, Soodeh Hamzehlou; ZAINALB, Zaidah; GHADERPOUR, Mahsa. A Review on the important role of vocabulary knowledge in reading comprehension performance. **Procedia – Social and Behavioral Sciences**, v. 66, 2012. Disponível em: <https://www.sciencedirect.com/science/article/pii/S1877042812052858>. Acesso em: 16 jul. 2018.

MORALES, Laura Puerto. Relationship between cognitive processes and academic performance in high school students. **Psychologia: Avances de la Disciplina,** v. 9, 2015. Disponível em: <http://www.scielo.org.co/scielo.php?script=sci_arttext&pid=S1900-23862015000200007>. Acesso em: 16 jul. 2018.

MYERS, Adolf. Basic and the teaching of english in India. Bombay/**The Times of India Press**, 1938. Disponível em: <http://ogden.basic-english.org/books/basicindia.pdf>. Acesso em: 23 set. 2020

OAKLEY, Ann. Experimentation and social interventions: a forgotten but important history. **British Medical Journal**, v. 317, 1998. Disponível em: <https://www.ncbi.nlm.nih.gov/pmc/articles/PMC1114168/pdf/1239.pdf>. Acesso em: 19 jul. 2018.

OBERGRUBER, Petr; HRUBCOVA, Gabriela. **Experiments in Economics.** Paper presented at 3rd Global Conference on Business (Rome), 2015. Disponível em: <https://www.sciencedirect.com/science/article/pii/S2212567116303525>. Acesso em: 15 ago. 2017.

OLIVEIRA, Katya Luciane de; SANTOS, Acácia Aparecida Angeli dos. Compreensão em leitura e avaliação da aprendizagem em universitários. **Psicologia: Reflexão e Crítica,** v. 18, 2005. Disponível em: <https://doaj.org/article/1b3a94b28421422fb099bbfcf00c66d9?gathStatIcon=true>. Acesso em: 18 jul. 2018.

ORTIZ, Juan Carlos Moreno. Crisis y evolución actual de la epistemologia. **Revista Co-herencia,** n. 9, 2008. Disponível em: <http://vlex.com/vid/crisis-evoluci-actual-epistemolog-69503337>. Acesso em: 17 jul. 2018.

PAIVA, Juliana Cavalcante Marinho; BENDASSOLLI, Pedro F. Políticas sociais de inclusão social para pessoas com deficiência. Belo Horizonte: **Psicologia em Revista**, v. 23, n. 1, 2017. Disponível em: <http://pepsic.bvsalud.org/pdf/per/v23n1/v23n1a25.pdf>. Acesso em 29 set. 2020.

PATTERSON, Dennis. From postmodernism to law and truth. **Harvard Journal of Law & Public Policy,** v. 26, n. 1, 2003. Disponível em: <http://vlex.com/vid/from-postmodernism-to-law-and-truth-53121948>. Acesso em: 17 jul. 2018.

PAZ, Moria. The tower of Babel: human rights and the paradox of language. **European Journal of International Law,** v. 25, 2014. Disponível em: <http://www.ejil.org/article.php?article=2500&issue=120>. Acesso em: 01 jun. 2018.

PEARI, Sagi. Can better law be married with corrective justice or evil laws? **McGill Law Journal,** v. 61, n. 3, 2016. Disponível em: <https://www.erudit.org/fr/revues/mlj/2016-v61-n3-mlj02716/1037966ar.pdf>. Acesso em:16 jul. 2018.

PENMAN, Robin. Plain english: wrong solution to an important problem. **Australian Journal of Communication**. v. 19, n. 3, 1992. Disponível em: <http://stc2.uws.edu.au/pwe/Assets/week11_penman.pdf>. Acesso em: 23 set. 2020

PIHT, Sirje; RAUSB, Rea; KUKKC, Airi; MARTIND, Kerli; RIIDAK, Kaie. Student's interpretations of the 6th grade science textbook. **Procedia – Social and Behavioral Sciences,** v. 112, 2014. Disponível em: <https://www.sciencedirect.com/science/article/pii/S1877042814012609>. Acesso em: 12 jul. 2018.

PORTO, Renata Maria Abrantes Baracho. Inclusão digital: um caminho para a inclusão social. **Revista Ciência da Informação**. Brasília/DF, v. 43, n. 2, 2016. Disponível em: <http://revista.ibict.br/ciinf/article/view/1411/1589>. Acesso em 25 set. 2020.

PUERTA MORALES, Laura. Puerta Morales, Laura Relationship between cognitive processes and academic performance in high school students Psychologia. **Avances de la Disciplina,** v. 9, n. 2, 2015. Disponível em: <http://www.redalyc.org/articulo.oa?id=297241658007>. Acesso em:16 jul. 2018.

RAMÍREZ, Andrés Bernasconi. **El carácter científico de la dogmática jurídica**. Revista de Derecho, vol. XX, n. 1, 2007, disponível em https://www.researchgate.net/profile/Andres_Bernasconi/publication/250372990_EL_CARACTER_CIENTIFICO_DE_LA_DOGMATICA_JURIDICA/links/570d527f08aec783ddce1d9d/EL-CARACTER-CIENTIFICO-DE-LA-DOGMATICA-JURIDICA.pdf?origin=publication_detail, acessado em 27/07/2018, às 11:48.

REID LYON, G; WEISER, Beverly. Teacher knowledge, instructional expertise and the development of reading proficiency. **Journal of Learning Disabilities,** v. 4, 2009. Disponível em: <https://www.researchgate.net/publication/26736711_Teacher_Knowledge_Instructional_Expertise_and_the_Development_of_Reading_Proficiency>. Acesso em:18 jul. 2018.

REYES, Dante Jaime Haro; JAIME, José Manuel Escamilla; LÓPEZ, Verónica Hurtado. La investigación científico jurídica latinoamericana: desafios y recomendaciones. **Letras Jurídicas,** n. 23, 2016. Disponível em: <http://servicios.cuci.udg.mx/letrasjuridicas/index.php/letrasjuridicas/search/authors/view?firstName=DANTE&middleName=JAIME&lastName=HARO%20REYES&affiliation=&country=MX>. Acesso em:17/07/2018, às 11:40.

ROBBINS-TISCIONE, Kristen Konrad. **The Inside Scoop:** What Federal Judges Really Think about the Way Lawyers Write. Disponível em: <http://scholarship.law.georgetown.edu/cgi/viewcontent.cgi?article=1395&context=facpub>. Acesso em:10 jan. 2018.

RODRIGO, Susana Ridao. **El género judicial:** materiales para su estúdio linguístico [livro eletrônico]. Universidad de Almeria, 2010. Disponível em: <file:///C:/Users/User/Downloads/Dialnet-ElGeneroJudicial-3720122.pdf>. Acesso em: 18 jul. 2018.

ROMÁN, Javier Orlando Aguirre. La relación lenguaje y derecho: Jürgen Habermas y el debate iusfilosófico. **Opinión jurídica,** n. 13, 2008. Disponível em: <http://vlex.com/vid/lenguaje-habermas-debate-iusfilosofico-223293493>. Acesso em: 15 jul. 2018.

RUSH, R. Timothy. **Assessing readability:** formulas and alternatives. University of Wyoming, 1984. Disponível em: <https://ia802601.us.archive.org/24/items/ERIC_ED251801/ERIC_ED251801.pdf>. Acesso em: 19 jan. 2018.

SAKS, Michael; NEUFELD, Samantha L. Convergent evolution in law and science: the structure of decision-making under uncertainty. **Probability & Risk,** v. 10, 2011. Disponível em: <https://web.law.asu.edu/Portals/31/Saks%20%20Neufeld%20Convergent%20Evolution%20in%20Law%20%20Sci%202011.pdf>. Acesso em: 12 jul. 2018.

SÁNCHEZ, José Cárdenas. El derecho y la evolución del lenguaje de la dominación **Revista De Jure,** n. 3-5, 2010. Disponível em: <http://vlex.com/vid/derecho-evolucion-lenguaje-dominacion-311569285>. Acesso em: 16 jul. 2018.

SCOTT, Sue; SAGE, Carolina. Gateways to the law: an exploratory study of how non-profit agencies assist clients with legal problems. **Law and Justice Foundation of New South Wales,** 2001. Disponível em: <http://www.lawfoundation.net.au/ljf/site/articleIDs/99C0069A70803D74CA25712A0077806C/$file/gateways.pdf>. Acesso em: 09 jan. 2018.

SEIDENFELD, Mark. A process failure theory of statutory interpretation. **William and Mary Law Review,** v. 56, n. 2, 2014. Disponível em: <https://ir.law.fsu.edu/cgi/viewcontent.cgi?article=1000&context=articles>. Acesso em: 15 jul. 2018.

SENADO FEDERAL. Desenvolvimento e inclusão social. **Brasília/Coordenadoria de Edições Técnicas**, 2015. Disponível em: <https://www2.senado.leg.br/bdsf/bitstream/handle/id/508479/desenvolvimento_e_inclusao.pdf?sequence=7>. Acesso em 29 set. 2020.

SHERMAN, L. A. **Analytics of literature:** a manual for the objective study of english prose and poetry. Boston, Ginn & Company Publishers, 1893. Disponível em: <https://archive.org/details/analyticsofliter00sheruoft>. Acesso em: 22 ago. 2017.

SILVA, Maria José Moraes da; SANTOS, Acácia Aparecida Angeli dos. A avaliação da compreensão em leitura e o desempenho acadêmico de universitários. **Psicologia em Estudo,** v. 9, 2004. Disponível em: <https://doaj.org/article/48896dbc106a45e2848f88cd875623e6?gathStatIcon=true>. Acesso em: 18 jul. 2018

SILVA, Otto Marques da. A epopéia ignorada: a pessoa deficiente na história do mundo de ontem e de hoje. **São Paulo: CEDAS**, 1987. Disponível em: https://pt.scribd.com/doc/130604275/A-Epopeia-Ignorada-Oto-Marques-da-Silva-corrigido. Acesso em 30 set. 2020

SIMON, Henrique Smitd. **Direito, filosofia da linguagem e intepretação: o problema do decisionismo em Kelsen e Hart**. Belo Horizonte: Argumentum, 2006.

SIRICO Jr, Louis J. Readability studies: how technocentrism can compromise research and legal determinations. **Villanova University Charles Widger School of Law.** Disponível em: <https://digitalcommons.law.villanova.edu/cgi/viewcontent.cgi?referer=https://www.google.com.br/&httpsredir=1&article=1107&context=wps>. Acesso em: 11 jan. 2018.

SOLUM, Lawrence B. Communicative content and legal content. **Notre Dame Law Review,** v. 89, n. 2, 2013. Disponível em: <http://vlex.com/vid/communicative-content-legal-507493698>. Acesso em: 16 jul. 2018.

SOUZA, Daniela Cristina Barros de; SANTOS, Danielle Aparecida do Nascimento dos; SCHLÜNZEN, Elisa Tomoe Moriya. Uso das tecnologias de informação e comunicação para pessoas com necessidades educacionais especiais como contribuição para inclusão social, educacional e digital. **Revista Educação Especial**, n. 25, 2005. Disponível em: <https://periodicos.ufsm.br/index.php/educacaoespecial/article/view/4901>. Acesso em 28 set. 2020.

SPIEGEL, Murray R; STEPHENS, Larry J. **Estatística.** Porto Alegre: Bookman, 2009.

SUNSTEIN, Cass. R. Deciding by default. **University of Pennsylvania Law Review,** v. 162, n. 1, 2013. Disponível em: <https://scholarship.law.upenn.edu/cgi/viewcontent.cgi?referer=https://www.google.com.br/&httpsredir=1&article=1000&context=penn_law_review>. Acesso em: 16 jul. 2018.

SWOPE, Kurtis. Social position and distributive justice: experimental evidence. **Southern Economic Journal,** v. 74, n. 3, 2008. Disponível em: <http://vlex.com/vid/distributive-experimental-evidence-56324920>. Acesso em: 15 jul. 2018.

TABAK, Benjamin Miranda; SANTOS, William; FERNANDES, José Luiz Barros; et al. Determinants of overconfidence. **Journal of Academy of Business,** v. 10, 2010. Disponível em: <https://papers.ssrn.com/sol3/papers.cfm?abstract_id=1680962>. Acesso em: 17 jul. 2018.

_____; CORTES, Alexandre. Aversão míope à perda: uma avaliação experimental. **Revista de Economia e Administração,** v. 7, 2009. Disponível em: <http://www.spell.org.br/documentos/ver/4972/aversao-miope-a-perda---um-estudo-experimental>. Acesso em: 17 jul. 2018.

TEIXEIRA, Anderson Vichinkeski; MACIEL, Aquiles e Silva. Direito fundamental à educação e inclusão social de pessoas com deficiência: uma análise crítica no caso do ensino superior fundamental. **Revista Direito e Liberdade**. V. 19, n. 1. 2017. Disponível em: <https://doaj.org/article/43279b390151433db69ced2c83d45abc?gathStatIcon=true>. Acesso em 28 set. 2020

THOMPSON, Cynthia K. Single subject controlled experiments in aphasia: the Science and the state of Science. Journal of Communicaion Disorders, v. 39, 2006. Disponível em: <https://www.ncbi.nlm.nih.gov/pmc/articles/PMC1847620/pdf/nihms-18308.pdf>. Acesso em: 10 jul. 2018.

TORRES ORTEGA, Ilsse Carolina. La transcendencia de los términos no referenciales en el linguaje jurídico: los conceptos tû-tû. Ciencia Jurírica, n. 7, 2015. Disponível em: <http://www.cienciajuridica.ugto.mx/index.php/CJ/article/view/130/125>. Acesso em: 16 jul. 2018.

TRAFIMOW, David; LEONHARDT, James; NICULESCU, Mihai; et al. A method for evaluating and selecting field experiment locations. Marketing Letters, v. 27, 2016. Disponível em: <https://papers.ssrn.com/sol3/papers.cfm?abstract_id=2726085>. Acesso em: 17 jul. 2018.

TYLER, Tom R. How do the courts create popular legitimacy? The role of establishing the truth, punishing justly, and/or acting through just procedures. Albany Law Review, v. 77, n. 3, 2013. Disponível em: <http://vlex.com/vid/how-do-the-courts-635808253>. Acesso em: 17 jul. 2018.

VERKERKE, J. H. Legal ignorance and information-forcing rules. William and Mary Law Review, v. 56, n. 3, 2015. Disponível em: <https://core.ac.uk/download/pdf/73971678.pdf>. Acesso em: 15 jul. 2018.

WALSTAD, Allan. Science as a market process. Independent Review, v. 7, n. 1, 2002. Disponível em: <http://vlex.com/vid/science-as-market-process-52986304>. Acesso em: 17 jul. 2018.

WILLIAMS, Christopher. Legal english and plain language: an update. Across Cultures Review, 2011. Disponível em: <https://www.academia.edu/1619329/Legal_English_and_Plain_language_an_update>. Acesso em: 01 fev. 2018.

WRONSKA, Iwana. Problems of translation of international treaties illustrated by the example of article 6 of the European Convention for Protection of Human Rights and Fundamental Freedoms. Studies in Logic, v. 45, 2016. Disponível em https://content.sciendo.com/view/journals/slgr/45/1/article-p265.xml>. Acesso em: 01 jun. 2018.

WYDICK, Richard C. Plain English for Lawyers. California Law Review, v. 66, 1978, disponível em: <http://scholarship.law.berkeley.edu/cgi/viewcontent.cgi?article=2362&context=californialawreview>. Acesso em:10 jan. 2018.

YOGURTÇU, Kadir. The impact of self-efficacy perception on reading comprehension on academic achievement. Procedia – Social and Behavioral Sciences, v. 70, 2013. Disponível em: <https://www.sciencedirect.com/science/article/pii/S1877042813000761>. Acesso em: 14 jul. 2018.

ZANON, Marilena. Os manuais de correspondências comerciais (1500-2000): uma interpretação à luz da historiografia linguística. Revista de Gestão e Secretariado, v. 1, n. 1, 2010. Disponível em: <https://www.revistagesec.org.br/secretariado/article/view/7/76>. Acesso em 28 set. 2020.

EXERCÍCIO COMPARATIVO

Até aqui, utilizei uma maneira particular de expor premissas, argumentos e fatos, ou seja, elaborei o texto num viés tipicamente científico. A literatura jurídica escrita neste formato tem grande utilidade para um determinado público, a comunidade de pesquisadores ou cientistas, visto que tal grupo se comunica, de um modo geral, nesta linguagem.

Porém, considero igualmente relevante que o produto da investigação acadêmica seja compartilhado com um público mais amplo, ou seja, com pessoas que não lidam diretamente com termos técnicos mas que, mediante um exercício simples, podem facilmente entender qual a finalidade prática do trabalho que foi desenvolvido neste livro. É o que farei a partir de agora.

Novamente, faço uma advertência ao leitor que o teor da presente obra e a atividade a seguir definitivamente não tem a intenção de ensinar a qualquer integrante do Poder Judiciário como redigir uma decisão num processo judicial. Trata-se apenas da conversão de todos os procedimentos até agora expostos em um exercício no qual será possível perceber como funciona a metodologia indicada nas páginas precedentes.

Primeiro, escolherei uma decisão obtida em uma das páginas eletrônicas dos Tribunais indicados na p. 42, subseção 2.1 do capítulo I, a qual também indica o método a ser utilizado neste momento. Feito isto, o *Microsoft Word* fornecerá um número que indicará a inteligibilidade da decisão, cujo nível de dificuldade está exposto na tabela 1 da p. 41.

Em seguida, e considerando a complexidade da decisão avaliada pelo *software*, farei uma espécie de "tradução" do texto jurídico. Todas as vezes em que o programa identificar uma dificuldade maior de compreensão de algum termo ou trecho do texto, utilizarei outro que seja de percepção mais imediata.

Considerando os índices de inteligibilidade indicados nas páginas anteriores, constatou-se que, em média, as decisões proferidas pelo Tribunal de Justiça do DistrIto Federal e Territórios (TJDFT) foram as que apresentaram maior nível de complexidade, ou seja, de um modo geral, são os julgamentos mais difíceis de serem entendidos, se comparados a outros Tribunais. O gráfico 19, constante da página 59, demonstrou que todos os acórdãos em que uma das partes do processo era uma companhia aérea, um banco público ou privado, o teor das decisões só poderia ser compreendido por pessoas que, no mínimo, tivessem o nível superior de escolaridade.

Seguindo tal averiguação, novamente foi escolhida uma decisão em que uma das partes do conflito era um banco privado. O julgamento do recurso foi realizado no mês de abril do ano de 2017, ou seja, é uma manifestação judicial relativamente recente. Ao ser aplicada a metodologia no texto original, descrita na página 41, obteve-se o índice 29,1, indicando que o documento é muito difícil de ser compreendido. Em comparação com outras decisões utilizadas na pesquisa, este conteúdo é o mais fácil dentre os mais difíceis. Dito de outra forma, somente pessoas com graduação universitária completa poderiam entendê-lo. Para preservar a identidade das pessoas que eram partes do processo, o órgão do Tribunal de Justiça e os magistrados que julgaram o processo, os seus nomes foram omitidos.

Segue a transcrição da ementa, em seus próprios termos. Todos os trechos ou palavras que de alguma forma foram consideradas de difícil compreensão estão marcados na **cor branco e em negrito**, bem como sublinhadas as partes consideradas mais confusas, indicando as sequências onde seria necessária uma redação mais clara:

Ao aplicar a metodologia descrita neste livro, para fazer a análise acima, o nível de dificuldade atingiu o índice 50,9, indicando que trata-se de um texto que situa-se no limite de entendimento entre um público com o nível educacional médio (incompleto) e o universitário incompleto.

Feitas as marcações que evidenciaram o nível de dificuldade de compreensão do teor do documento, a seguir, transcrevo, o mesmo texto com as alterações sugeridas, destacadas na **cor preto e em negrito**.

Em vários trechos, devido ao modo específico como as decisões de Tribunais são escritas, foi consultado um dicionário para identificar o significado das palavras e escolher a que tornasse mais simples a linguagem, sem interferir no sentido, no teor do documento, para que o seu conteúdo fosse compreendido mediante uma simples leitura. Desta forma, a conversão da decisão ficou assim:

EMENTA

PROCESSUAL CIVIL. AÇÃO **RENOVATÓRIA** DE LOCAÇÃO. RENOVAÇÃO. **CONTROVÉRSIA RESTRITA** AO VALOR DOS **ALUGUERES** QUE **VIGERÃO** NO PRAZO DA RENOVAÇÃO. COMPOSIÇÃO ACERCA DO VALOR DOS **ALUGUERES**. AUSÊNCIA. **DISCREPÂNCIA** ENTRE OS LAUDOS PARTICULARES DE AVALIAÇÃO APRESENTADOS. APURAÇÃO DO VALOR ATUAL DE MERCADO DO **LOCATÍCIO**. NECESSIDADE. **POSTERGAÇÃO** À FASE DE LIQUIDAÇÃO DE SENTENÇA. IMPROPRIEDADE. COMPOSIÇÃO DE INTERESSES E **EQUACIONAMENTO** DO CONFLITO. IMPOSIÇÃO. NEGATIVA DE **PRESTAÇÃO JURISDICIONAL** E **CERCEAMENTO** DE DEFESA. **NATUREZA CONSTITUTIVA** DA SENTENÇA. QUESTÃO **CONTROVERSA**. PROVA PERICIAL TÉCNICA. **POSTULAÇÃO**. NECESSIDADE. INDEFERIMENTO. **AGRAVO RETIDO**. **JULGAMENTO ANTECIPADO DA LIDE**. **DILAÇÃO PROBATÓRIA**. NECESSIDADE. **CERCEAMENTO** DE DEFESA CARACTERIZAÇÃO. NULIDADE **PROCLAMADA**. SENTENÇA **CASSADA**. **APELOS PREJUDICADOS**.

1. De **conformidade** com os **postulados que regem** o devido processo legal, às partes são assegurados todos os meios de provas possíveis para comprovação do direito que **perseguem** em juízo, desde que **guardem correlação** lógica entre os fatos que necessitam ser provados e se apresentem aptas a **subsidiarem a elucidação da controvérsia**, de forma que, **insubsistente prova material do aduzido** e não **derivando** a **controvérsia** de **matéria exclusivamente de direito**, estando, ao invés, **permeada** por questões a serem analisadas por profissional técnico habilitado e especializado, **à parte autora assiste** o direito de produzir a prova pericial que **aventara**, e, somente então, de acordo com o apurado, é que se poderá afirmar que efetivamente o direito que **invocara restara carente** de sustentação material.

2.**Conquanto** tenha havido concordância do locador com a renovação da locação de imóvel não residencial, mas **sobejando manifesta divergência quanto ao montante do aluguer** que **vigerá** no novo prazo contratual, **afigura-se** indispensável a realização de prova pericial técnica destinada à **aferição** do valor de mercado atual do **locatício**, sob pena de ser ferido o equilíbrio econômico contratual, **consubstanciando cerceamento ao direito de defesa** que é assegurado ao locatário que **demandara** a renovação o indeferimento da prova pericial que **reclamara** e a **resolução da lide** de forma antecipada com a **postergação** da definição do **locativo** para **subsequente liquidação de sentença**.

EMENTA

PROCESSUAL CIVIL. AÇÃO **DE RENOVAÇÃO** DE LOCAÇÃO. **DIVERGÊNCIA RESTRITA** AO VALOR DOS **ALUGUÉIS** QUE **TERÃO EFICÁCIA** NO PRAZO DA RENOVAÇÃO. COMPOSIÇÃO ACERCA DO VALOR DOS **ALUGUÉIS**. AUSÊNCIA. **DIFERENÇA** ENTRE OS LAUDOS PARTICULARES DE AVALIAÇÃO APRESENTADOS. APURAÇÃO DO VALOR ATUAL DE MERCADO DO (**VALOR**?) **LOCATÍCIO**. NECESSIDADE. **ADIAMENTO PARA A** FASE DE LIQUIDAÇÃO DE SENTENÇA. IMPROPRIEDADE. COMPOSIÇÃO DE INTERESSES E **SOLUÇÃO** DO CONFLITO. IMPOSIÇÃO. **RECUSA NO FORNECIMENTO DA ATIVIDADE DO PODER JUDICIÁRIO** E **RESTRIÇÃO** DE DEFESA. **NATUREZA CRIADORA** DA SENTENÇA. QUESTÃO **DISPUTADA**. PROVA PERICIAL TÉCNICA. **PEDIDO**. NECESSIDADE. INDEFERIMENTO. **AGRAVO RETIDO (UM TIPO DE RECURSO)**. JULGAMENTO ANTECIPADO **DO CONFLITO**. **PROLONGAMENTO DA PROVA**. NECESSIDADE. **RESTRIÇÃO** DE DEFESA CARACTERIZAÇÃO. NULIDADE **DECLARADA**. SENTENÇA **REVOGADA**. **RECURSOS INEFICAZES**.

1. De acordo com os **princípios que orientam** o devido processo legal, às partes são assegurados todos os meios de provas possíveis para comprovação do direito que **buscam** em juízo, desde que **tenham relação** lógica entre os fatos que necessitam ser provados e se apresentem aptas a **contribuírem para solução do conflito**, de forma que, **se for inconsistente a prova concreta alegada** e não **se originando** a **demanda** de **um assunto exclusivo do direito**, estando, ao invés, **repleto de** questões a serem analisadas por profissional técnico habilitado e especializado, **a parte autora tem** o direito de produzir a prova pericial que **indicou**, e, somente então, de acordo com o apurado, é que se poderá afirmar que efetivamente o direito que **alegou permaneceu desprovido** de sustentação material.

2. **Ainda que** tenha havido concordância do locador com a renovação da locação de imóvel não residencial, mas manifesta**ndo excessiva discordância em relação à quantia do aluguel** que **terá validade** no novo prazo contratual, **torna-se** indispensável a realização de prova pericial técnica destinada à **avaliação** do valor de mercado atual do **(imóvel que é objeto da locação?) locatício**, sob pena de ser ferido o equilíbrio econômico contratual, **transformando-se em uma restrição ao direito de defesa** que é assegurado ao locatário que **pediu** a renovação**,** o indeferimento da prova pericial que **requereu** e **o julgamento do processo** de forma antecipada com **o adiamento** da definição do **(contrato de?) locação** para **posterior fase processual**.

3. A ação renovatória de locação **encerra natureza constitutiva**, **de molde que**, **ao ser resolvida**, **deferida a renovação demandada**, deve ser definido, também, o valor do locatício que **vigerá** no novo período de vigência **negocial**, pois elemento integrante e indispensável à constituição do vínculo, **encerrando**, sob essa **moldura jurídica**, **negativa de prestação jurisdicional** e **cerceamento de defesa a prolação** de sentença que, diante da inexistência de **controvérsia** quanto à renovação, acolhe o pedido e renova a locação mas **relega a definição dos locativos** para a **fase de liquidação**, **porquanto**, **adstrito o litígio** ao **valor do locativo** e tendo sido demandada a produção de prova pericial para sua definição, **resta patente** que a matéria **controvertida** não **encartava** questões exclusivamente **de direito** nem se afigura consoante o objetivo teleológico do processo que a única controvérsia continue pendente de **elucidação**.

4.A sentença que, **conquanto renovando a locação** diante da ausência de **controvérsia** quanto ao ponto, ignorando **a postulação formulada** pelo locatário de produzir a prova pericial **volvida à definição do locativo** de acordo com os parâmetros do mercado, deixa de fixar o valor definitivo do locatício que **vigerá**, **postergando** sua apuração à fase de liquidação de sentença, **denotando que não compusera o conflito de interesses e equacionara o litígio**, mantendo provisoriamente o valor de aluguel vigente e **pendente o dissenso que se estabelecera**, **encerra** violação aos princípios da ampla defesa e do contraditório **içados** à condição de dogmas constitucionais, determinando, assim, que seja cassada e retomada a fase instrutória.

5. **Agravo retido do autor conhecido e provido**. Apelações **prejudicadas**. Unânime.

ACÓRDÃO

Acordam os Senhores Desembargadores da (omitiu-se) do Tribunal de Justiça do Distrito Federal e Territórios, (omitiu-se), em proferir a seguinte decisão: RECURSOS CONHECIDOS. CONHECER DO **AGRAVO RETIDO E DAR PROVIMENTO**, UNÂNIME. SENTENÇA **CASSADA**. **APELOS PREJUDICADOS**. UNÂNIME, de acordo com a ata do julgamento e notas taquigráficas.

Brasília (DF), 19 de Abril de 2017.

3. A ação renovatória de locação **apresenta a característica de criar novas situações jurídicas**, **ou seja**, **ao solucionar o conflito e concedida a renovação requerida**, deve ser definido, também, o valor do **(contrato?)** locatício que **valerá** no novo período de vigência **do negócio**, pois elemento integrante e indispensável à constituição do vínculo, **apresentando**, sob essa **forma jurídica**, **recusa no fornecimento da atividade do Poder Judiciário** e **restrição da defesa a elaboração de uma** sentença que, diante da inexistência de **conflito** quanto à renovação, acolhe o pedido e renova a locação mas **estabelece a definição dos (valores) dos aluguéis** para a **fase posterior do processo, na liquidação**, **porque**, **se o conflito está restrito** ao **valor do (contrato) de aluguel** e tendo sido demandada a produção de prova pericial para sua definição, **é evidente** que a matéria **discutida** não **incluía** questões exclusivamente **jurídicas** nem se **mostra de acordo com a finalidade** do processo que a única controvérsia continue pendente de **esclarecimento**.

4. A sentença que, **apesar de renovar (o contrato de? apenas os valores relativos à?) locação** diante da ausência de **conflito** quanto ao ponto, ignorando **o pedido feito** pelo locatário de produzir a prova pericial **e que retorna à definição do contrato de locação**, de acordo com os parâmetros do mercado, deixa de fixar o valor definitivo do **(contrato?)** locatício que **valerá**, **adiando a** sua apuração à fase de liquidação de sentença, **demonstrando que não solucionou adequadamente o conflito**, mantendo provisoriamente o valor de aluguel vigente e **ainda mantido o desacordo estabelecido entre as partes**, **apresenta uma** violação aos princípios da ampla defesa e do contraditório, **elevados** à condição de dogmas constitucionais, determinando, assim, que seja cassada e retomada a fase instrutória.

5. **Recurso do autor conhecido e julgado procedente**. Apelações **consideradas ineficazes**. Unânime.

ACÓRDÃO

Acordam os Senhores Desembargadores da (omitiu-se) do Tribunal de Justiça do Distrito Federal e Territórios, (omitiu-se), em proferir a seguinte decisão: RECURSOS CONHECIDOS. CONHECER DO **AGRAVO RETIDO E JULGA-LO PROCEDENTE**, UNÂNIME. SENTENÇA **CASSADA**. **APELOS CONSIDERADOS INEFICAZES**. UNÂNIME, de acordo com a ata do julgamento e notas taquigráficas.

Brasília (DF), 19 de Abril de 2017.

Título: *Você entende o juridiquês?*
A importância da comunicação simples
Pró-Consciência®
Formato: 16x23 cm
Capa: Cartão Supremo 300g
Miolo: Avena 80g
Impressão: Athalaia Gráfica
Setembro - 2021